中國大學人文啟思錄 第九卷
上冊

歐陽康　主編

文化素質教育要解決好
「以什麼樣的文化來育人」的問題
楊叔子

時隔多年，作為文化素質教育的一項重要成果，影響巨大的《中國大學人文啟思錄》又接著出版了，而且一次就推出了四卷，值得熱烈祝賀！

文化素質教育涉及高等教育的兩個根本，即「育人」和「文化」。對高等教育而言，一方面，牢記「育人」這個根本，就是不忘教育的初心；另一方面，牢記「文化」這個根本，就是不忘教育的內涵。本質上講，教育就是「文化育人」，就是「以文化人」。而文化素質教育就是要解決好「以什麼樣的文化來育人」的問題。

黨的十九大明確指出，「中國特色社會主義進入了新時代」。如何服務於新時代的「總目標、總任務、總體布局、戰略布局」，創新發展具有中國特色社會主義新時代內涵的文化素質教育，是我們要承擔的一項重要歷史使命。

這裡有必要重溫黨的十九大報告有關文化和教育的重要論述。

關於文化，黨的十九大報告指出：「文化是一個國家、一個民族

的靈魂。文化興國運興，文化強民族強。沒有高度的文化自信，沒有文化的繁榮興盛，就沒有中華民族偉大復興。」「文化自信是一個國家、一個民族發展中更基本、更深沉、更持久的力量。」文化自信成為「新時代堅持和發展中國特色社會主義的基本方略」的重要組成部分。

關於教育，黨的十九大提出：「建設教育強國是中華民族偉大復興的基礎工程，必須把教育事業放在優先位置」，「要全面貫徹黨的教育方針，落實立德樹人根本任務，發展素質教育，推進教育公平，培養德智體美全面發展的社會主義建設者和接班人」。

可以說，文化很重要，教育很重要，素質教育很重要，而文化素質教育則將文化、教育、素質教育連接成整體。因此，文化素質教育同樣也很重要。過去二十多年的文化素質教育實踐已充分證明了這一點。

在中國特色社會主義進入了新時代的今天，文化素質教育工作首先要以習近平新時代中國特色社會主義思想為指導，重新認識新時代文化的內涵。新時代的文化，核心是社會主義核心價值觀，這是新時代文化的核心和根本；要創造性轉化、創新性發展中華優秀傳統文化，繼承革命文化，發展社會主義先進文化。其次，要發展文化素質教育，創造出既符合新時代文化建設要求又體現素質教育精神的有效途徑和方法。

文化在發展，教育在發展，因此，「以什麼樣的文化來育人」是一個常說常新的命題。在這個意義上，文化素質教育將會「經久不衰」。華中科技大學提出「讓文化素質教育的旗幟更加鮮豔」，我十分贊成這個口號，也希望華中科技大學在這方面有新的建樹、新的成就。我衷心地祝願，文化素質教育將迎來新的發展高潮。

新時代大學生
文化素質教育及其實踐導向[1]

歐陽康

　　自一九九五年算起，我國高校的大學生文化素質教育已經開展了二十多年，取得了非常豐碩的成果。《國家中長期教育改革和發展規劃綱要（2010-2020）》將「以提高品質為核心，全面實施素質教育」作為中國教育改革和發展的重要方略，既指出了高等教育的發展方向，也對文化素質教育做出了宏觀的戰略定位。習近平總書記在黨的十九大報告中明確指出，「建設教育強國是中華民族偉大復興的基礎工程，必須把教育事業放在優先位置，深化教育改革，加快教育現代化，辦好人民滿意的教育。要全面貫徹黨的教育方針，落實立德樹人根本任務，發展素質教育，推進教育公平，培養德智體美全面發展的社會主義建設者和接班人。」這為更好地開展文化素質教育指出了明確的方向。由此，在新時代拓展和深化大學生文化素質教育，應強化

1　本文原載《教育研究》2012年第2期，現徵得作者同意做了部分修改，是為序。

其實踐導向。一方面將文化素質教育融入大學生的學習和生活實踐，轉化為他們的生存活動和生命體驗，提高他們的文化品位；另一方面積極引導大學生主動投入當代中國的社會主義現代化實踐和文化建設，在服務社會和報效祖國的過程中展示人生價值，在傳承和創新中華文化的過程中提升思想境界。我們應當從這樣的高度明確新時代大學生文化素質教育的功能定位和目標體系，探討更加科學的價值取向和實施途徑，促進當代大學生更加全面健康地發展。

一、明確文化素質教育的功能定位

改革開放以來我國高等教育取得了巨大的成就，尤其是通過大學擴招和合校，不僅讓更多的適齡青年能夠走進大學，也讓大學在教書育人、科學研究、社會服務和文化傳承創新方面獲得全面發展的強勁動力與必要空間，讓大學有可能回歸大學本性，塑造大學精神，取得了革命性的跨越式發展。但是來自多方面的對於教育尤其是高等教育的不太滿意，最少表明我們教育者包括教育管理者的初衷與社會各界對我們的要求與期盼之間還存在著相當大的差距，仍然值得我們深思。

在當前大學對於教育的擔憂中，一個非常突出的方面便是大學生文化素養甚至基本素養的缺失。這當然並不只是大學的問題，而是涉及整個教育體系宏觀定位和內部協調分工的問題。有人甚至這樣描述過我們在人才培養方面從整個高中、初中、小學甚至幼稚園的教育錯位問題：幼稚園急著教小學的課，小學急著教初中的課，初中急著教高中的課，高中急著教大學的課，而到了大學卻發現還有一些基本的教育缺失，於是不得不去補在幼稚園就應當教的東西，要教大學生們

做人行事、接人待物，教他們以基本的禮貌用語和行為規範，要對大學生進行基礎性的人性、人格、人品培養。這就是人的基本素養與基本品格教育。文化素質教育正是在這種意義上顯得格外重要和緊迫，要求努力提高校園文化建設水準，引導高校凝練和培育大學精神；鼓勵師生員工特別是青年學生參與基層文化建設和群眾文化活動。從本文討論的話題來看，就是要對文化素質教育做一個恰當的功能定位。這裡有三個層面的問題。

第一個層面，文化素質教育在高等教育體系中的定位。文化素質教育應納入全面素質教育的視野來加以考察。全面素質教育包含著非常豐富的內容，文化素質教育只是全面素質教育體系的一個內在組成部分。一九九四年起，時任華中理工大學校長的楊叔子院士和一批有識之士開始宣導文化素質教育。當時有很明確的針對性，就是由於高考文理分科所帶來的理工科學生的知識結構局限和培養方面所存在的問題。由此以來，我國高校文化素質教育經歷了從「三注」（注重素質教育，注視創新能力培養，注意個性發展）和「三個提高」（提高大學生的文化素質，提高大學教師的文化素養，提高大學的文化品位與格調）到「三個結合」（文化素質教育與提高教師素養相結合，與思想政治教育相結合，與科學教育相結合）的過程。當前，文化素質教育面對諸多挑戰，需要我們的積極謀劃與創新。《國家中長期教育改革和發展規劃綱要（2010-2020）》將全面實施素質教育作為中國教育改革發展的基本方向和重要內容，既指出了高等教育的發展方向，也對文化素質教育做出了宏觀的戰略定位。我們應當在這樣的雙重意義和二維高度上來思考文化素質教育。

第二個層面，文化素質教育課程在高校課程體系中的定位。課程

是教育教學的基本形式。文化素質教育只有納入規範化的課程教育體系才有可靠的載體，才能得到具體的實現。多年來，我國高校普遍開設了文化素質教育課，有的學校還推出了一批精品課程，對拓展大學生的學術視野和知識體系、提高大學生的文化素養發揮了積極的作用。但現在看來，要把文化素質課真正開好還有很多的工作要做。一是拓展文化素質教育課程的覆蓋面，將更多的學科內容開設為素質教育的課程；二是擴展文化素質教育課程的內涵，使之具有更加豐富的內容；三是提升文化素質教育課程的品質，使之具有更大的影響力和魅力；四是增加文化素質教育課程的數量，使更多的大學生能夠有機會選修該類課程，受到文化的薰陶與洗禮；五是把文化素質的精神與價值灌注到各種專業課程之中，使之都能提升文化品格，發揮文化素質教育的功能，等等。

第三個層面，文化素質教育在大學生成人成才中的地位。人的全面發展是一個過程，在人的發展的不同時期有不同的具體內容和要求。實踐性文化素質教育在大學生全面素質培養中發揮著非常重要的作用，其最根本的功能在於幫助大學生更早更好地走進社會和參與社會實踐，促進大學生在實踐中增強其文化自覺和文化認同，提升其文化品格，促進其全面發展。

二、構建文化素質教育的目標體系

我國的大學生文化素質教育自實施以來已經取得了一定的成效，在新的歷史時期，文化素質教育何去何從則需要一個明確的目標體系。對於我國高等教育，黨中央提出兩個核心問題——辦什麼樣的大學和怎樣辦好大學，培養什麼樣的人和怎樣培育好人。按照這樣的思

路，這裡我們要問的問題就是，搞什麼樣的文化素質教育，怎樣更好地開展文化素質教育。或者我們也可以把問題轉化為文化素質教育的核心目標何在，如何實現它的核心目標，這就是在多元價值背景下如何更好地履行「立德樹人」的神聖使命。由此，構建文化素質教育的目標體系應著眼於以下幾個方面。

第一，儘快從涉及文化素質教育的一些概念爭論中超脫出來。近年來，圍繞文化素質教育的概念界定和內涵存在著一些爭論，需要我們加以正視。從教育部的官方文件來看，使用的是文化素質教育概念，並將其看作素質教育的內在組成部分。我國絕大部分高校也都是使用的這個概念，在文化素質教育的旗幟下開展相應的活動。近年來也有學校把類似的活動叫作「通識教育」，與國外所說的「General Education」相比照；有的則叫作「博雅教育」或「自由教育」，來源於國外一些高校的「Liberal Education」或「Liberal Arts Education」；國外還有高校將其稱為全人教育，即英文的「Whole Person Education」。有的高校既講文化素質教育，又講通識教育，也用博雅教育，想把多方面的內容都容納進去。也有的學者不贊成諸多提法並存，認為它們是與文化素質教育有區別甚至對立的，主張用文化素質教育來加以統一或統攝。筆者認為，這種爭論，一方面反映了素質教育尤其文化素質教育可能具有的豐富內涵和多樣形態性，另一方面也表明人們力圖從不同的側面來開展活動，強化其不同的側面。從總體來看，這些概念方面的討論如果能夠形成共識，對於澄清問題無疑是有好處的，但如果一時無法達成共識也不要緊，因為關鍵和重要的問題不在於名目，而在於實質，在於我們的總體教育理念和實施方略。不管以什麼名目來展開，只要有利於大學精神的塑造，有利於大學生

的自由全面健康發展，有利於培養更多更好的優秀人才，就應當允許和鼓勵。

第二，文化素質指導委員會和相關單位應當拓展自己的工作邊界。就拓展文化素質教育的工作邊界而言，過去我們關心得比較多的是人文知識的拓展，希望能夠開設更多的選修課，後來發展到了大學生綜合能力培養，設計了多種形式的活動，現在又提升到了高端素養的培育和養成，這就需要更加豐富多樣的載體和手段。就文化素質教育深化和發展的方向而言，則需要更加廣闊的視野、更加創新的思路、更加開拓的精神，著眼於文化的傳承與創新。我們主張強化大學生文化素質教育的實踐導向，這裡的實踐包含大學生本身的學習生活實踐和中國社會的生產與發展實踐。我們一方面應當努力將文化素質教育融入大學生的學習生活實踐，轉化為他們的生存活動和生命體驗，增強大學生校園生命活動的實踐特性和文化內涵；另一方面應當積極引導大學生主動投身於當代中國的社會主義現代化實踐，在服務社會和報效人民的過程中展示人生價值、提升思想境界。這就給文化素質教育提出了很高的要求，也提供了更大的活動與發展空間。如果我國各高校的文化素質教育基地和相關機構都能把工作邊界再拓展一點，工作思路再細緻一點，活動內容再豐富一點，那麼我們的大學生文化素質教育就會在整體上有更大的拓展，拓展的目標就是促進大學生的全面的高素質的培養。

第三，關注文化素質教育的三種內涵或者三個層面。文化素質教育包含著三個基本的層面：一是知識層面；二是能力層面；三是境界層面。我們過去對前兩個層面更為關注，也做了很多很好的工作。在知識層面，我們強調人文與科學並重，要求理工科學生加強人文知識

和修養，人文社科的學生要加強科學精神教育，實際上所有的學生都應該既有科學素養又有人文素養。現實情況是學理工科的學生不一定都有很好的科學素養，而學人文的也不一定必然有很好的人文素養，我們需要一種整體性的教育。在能力層面，我們強調感性與理性能力、動腦與動手能力、批判與建構能力、服務與創新能力等的統一。今天我們更看重的是第三個層面：境界層面。當代大學生缺失的是思想境界，而境界提升實際上是一件很難的事情。馮友蘭先生認為人生有四種境界，即自然境界、功利境界、道德境界和天地境界，人的境界提升是一個從自然到功利到道德到天地的過程。馬克思的墓誌銘上寫的是「哲學家們只是用不同的方式解釋世界，而問題在於改變世界」。向哪個方向去改變？自然是向最理想的方向，而理想則在人的心中，這個理想的生成需要在人的全部生命體驗中去感悟。

從當前大學生的實際情況來看，我們一方面要強調提升境界，另一方面要敢於和善於去面對消沉、面對墮落、面對沉淪。過去我們的文化素質教育往往關注人性和人心的高端方面，這是應當繼承、保持和發揚的。而同樣應當引起關注的，恰恰還有低端的東西。如果人生沒有一個高的境界，人生是沒有意義的，大學生活是沒有目標的，甚至會出現消沉與墮落。所以，我們不僅要問一問「鋼鐵是怎樣煉成的？」也還應該問一下「鋼鐵是怎樣銹蝕的？」從人性的基礎性假說來看，西方文化是原罪說和性惡論，中國文化是性善說。不管是性善性惡，在現實社會中，不管由善變惡，還是由惡變善，關鍵在於自我意識和自我規範，才有可能在行動中獲得自由。

大學生們追求自由，但對自由也有很多的誤解。例如，不少人把自由簡單地理解為隨心所欲。其實真正的自由不僅僅是隨心所欲，首

先是在認識和超越限定。英國哲學家以賽亞‧伯林爵士把自由分為兩種：一種叫作積極自由，即自由地做想做的事情（Freedom to do what you want to do）；另一種叫作消極自由，即超越限定的自由（Freedom from the limitation）。

我們每一個人都生活在限定中，只有把握和消除了限定，才有可能做自己想做的事情，實現積極自由。每一個大學生都生活在受到各種限定的環境中，從他們進大學那一天起，就要遵守校規，要去學習，要去上課，要做作業，要做實驗，完成論文等。這些限定已經將他們壓得喘不過氣了，他們如何去實現自由，達到真正的自由？如果對於自由理解得不正確，他們所追求的自由就可能變成沒有前提的隨心所欲，成為一種放縱，成為一種無政府主義。

三、探討文化素質教育的有效途徑

文化素質教育目標的達成需要有科學有效的路徑支撐。多年來，我國高校在這方面已經形成了很多好的做法，應當繼續保持和發揚。但新時代文化素質教育面對全新的大學生群體，有更高的要求，要使其更加行之有效，還需要加強對教師和學生的情況做具體分析，尤其是從實踐導向的高度回答一些有關教育途徑的基礎性問題。這裡主要討論以下幾個問題。

第一，人的優秀素養，到底是「教」出來的，還是「養」出來的？這裡說的「教」是指來自外部的灌輸，這裡說的「養」就是自我的體驗。過去我們比較強調來自外部的環境影響和教育引導，現在越來越感到體驗的重要性。筆者作為哲學教師，特別重視人生的體驗與感悟。因為，真正的優秀很難說是教出來的，而往往是自己悟和養出

來的，是一種自我教育和自我塑造。最現實的情況是，我們用同樣一套教育體系、同樣一套課程、同樣的教學方法，去教不同的學生，達到的效果卻大不相同。大學四年結束之時，當年以相似的高分招收進校的大學生，在同樣的學校環境中卻迅速地發生分化，大多數人保持在一般狀態，而優秀的和落後的則向兩個極端迅速分化。同樣一個體系對於不同人的作用是非常不一樣的。而這裡最大的差距就在於學生對於學校的教育和環境的作用有非常不同的自我領悟與自我內化。開展大學生文化素質教育，從學校的角度看，就是提供一種氛圍和條件，而其作用，則要看不同學生對其的認同與追尋。

第二，學生如何才能由被教育者轉化為自我教育者？我們過去一直強調「全員育人」，但筆者認為更應注重「全員自育」。只有當每一個大學生都能夠自覺地進行自我教育的時候，我們的育人體系才可能發揮作用，否則再好的教育體系對同學們來說無非是一些外在性、強制性和框架性的東西，難以對他們的內在因素發揮實質性的積極作用。這正是實踐性文化素質教育體系的關鍵因素。華中科技大學的一七二名同學，以王艾甫先生無意中發現的沒有發出的八十四張陣亡通知書為線索，為太原解放戰爭中犧牲的湖北籍烈士尋找親屬，開展「烈士尋親」活動，在履行國家責任的過程中迅速成長，變得更加成熟。這項活動獲得國家有關部門的表彰。後來我們繼續開展紅色尋訪，為赤壁市羊樓洞野戰醫院的抗美援朝志願軍烈士尋找親友，尋訪改革開放三十年，尋訪新中國成立六十年，等等。這些活動把同學們引入到中國社會實踐的歷史與現實，促進了外部資訊向同學們內在心理和社會要素的轉換，引領了他們的思想進步，加速了他們的成長過程。這表明充分認識歷史的現代意義，發揮歷史事實的教育作用，促

進歷史意識的現代塑造，對於大學生的健康成長具有更為直接和重要的意義。

第三，教師如何才能由演員變成導演或教練？課程是文化素質教育的重要管道。給大學生上文化素質教育課，教師好像是個演員，在課堂上演講，學生是聽眾，二者之間往往存在著主動與被動的巨大反差。即便教師表演得再好，得到了同學們的好評，但如何實現課程內容的內化，把課堂的教育教學變成大學生所特有的實踐性活動，仍然是件值得探討的事情。因此，文化素質教育的作用應當是讓同學們成為演員或者運動員，教會他們自己去表演、去提高素養、去創造好的成績，而教師的角色應當由演員向導演和教練轉換。在文化素質教育的課堂或者活動中，教師不應當衝到第一線，而應當在第二線甚至第三線，讓學生衝到第一線去實踐、去學習、去探索，並從中獲得進步。

第四，學校的各種教育資源如何在素質教育的統攝下更好整合？各個學校都有很多資源，分散在學校的各個方面，由各種職能部門管理，如何將它們匯聚起來作為一個有機系統投入到大學生文化素質教育，將各方面的力量匯聚成為一種合力，從不同方面推動文化素質教育的發展，這是當前特別值得研究也需要努力去做的事情。很多學校在這方面做出了積極的探索。這裡的一個重要辦學理念在於，素質教育是當前中國高等教育的戰略性選擇，文化素質教育作為素質教育的突破口，不僅是文化素質教育基地的事情，也是全校的事情，學校的各個職能部門都應當把文化素質教育作為自己的工作來抓緊抓好，使學校各方面的力量形成合力，促進大學生全面發展。

四、確立新時期文化素質教育的價值取向

新時代文化素質教育的價值取向在一定程度上決定著文化素質教育本身的發展方向，只有確立了科學的價值取向，才能保證文化素質教育沿著正確的方向前進。我們強調新時代文化素質教育的實踐導向，就是要將文化素質教育融入大學生的學習與生活，轉化為他們的自覺實踐，同時要通過多種形式的文化素質教育活動，把大學生引導到火熱的中國社會發展與建設實踐，讓他們在社會實踐中發揮作用，實現價值，增長才幹。為此，新時期文化素質教育應當也有必要在以下方面做出努力。

第一，堅持全員育人與全員自育相結合。誰是高校教育教學的主體？對此，高等教育界一直存在爭論。有人主張教師是主體，也有人主張學生是主體，由此形成了教師主體論和學生主體論。在我們看來，教和學是一個過程的兩個基本方面，教師作為教育者，是教育教學的主體，教師對整個教育教學過程起著引領、把關的主導作用，教師的主體性對教育教學的品質有著極為重要的作用；學生作為受教育者，他們是客體，但並不完全是被動的，因為他們同時也是學習、研究、思考的主體，掌握著學習的進度和品質，決定著學習的效果和水準。一個優秀的教學過程是教師的主體性和學生的主體性都很好發揮並有機結合的過程。沒有教師主體性的發揮，則不可能按照預期的目標來培養人；沒有學生主體性的發揮，則再好的教師和教育體系也無法有效地發揮作用。這就是教和學的辯證法，也是教育和自我教育的辯證法。在文化素質教育中也要特別注意處理好這兩個主體之間的關係，讓教師和學生都能夠找到自己的定位。從學校管理的角度看，教師是主導的，優秀的教師應當能夠在有限的時間和空間裡最大限度地

調動學生的學習積極性，使他們向著更加積極主動和健康的方向全面發展，以提升大學生的基本素養，實現對於大學生全面自由發展的有效引領，從而使大學期間的人生為未來人生積累更多的經驗和財富，這就是我們說的全員育人指導下的全員自育。要達到這樣的要求，對於教師的素質無疑提出了更高的要求。甚至可以說，強化素質教育，也在一定意義上意味著對全體教師文化素質的一種重塑，要求每一個人都不斷提升自己的素質。從這樣的意義上可以說，大學教師的教師資格不是一蹴而就、一勞永逸地獲得的，而是需要不斷充實和提升，不斷考核和監督。

第二，堅持素質教育與專業教育相結合。在社會高度分工的條件下，一般來說，大學生最終要通過從事一定的專業工作或在一定的行業中服務於社會，所有的素質都要在專業性的工作中得到表現和應用，發揮出應有的作用。因此，素質不是脫離專業而存在的，文化素質教育是專業教育的補充。相應地，素質教育不可能脫離專業教育而孤立地存在，只能依託和貫穿於專業教育和專業學習之中。如果沒有了專業，再好的素質也難以發揮作用。文化素質教育應當貫穿於專業教育之中，使專業知識與素養的訓練變得更加扎實和豐富。這就要求專業教師具有更高的文化素養，使專業學習具有更加豐富的文化內涵，使專業訓練具有更高的文化品位。

第三，堅持「教練式的教」與「學生自主性的練」相結合。文化素質教育不應當僅僅傳授知識，更要求身體力行。因此，文化素質教育不能採取滿堂灌式的教，它應該是教練式地教，激發和引導學生自主性地練；不僅在課堂上練，也在實踐中練，讓師生在生產和生活實踐過程中實現良性和健康的互動，讓學生在練習中體會到進步、成就

與快樂。做一個好的教練對於教師提出了很高的要求，實踐性的教學也對學生不斷提高自我素養提出了要求，提供了空間和機會，有助於調動他們的學習積極性，激發他們的創造力。

第四，堅持規範式教育與個性化學習相結合。今天的中國高校總體上來說還是比較強調教育的整體性、規範性和統一性的，以便保證高等教育的基本品質，這是必要的。但如何在此前提下進一步加強多樣化和個性化的教育，為學生的個性化發展提供必要條件，則尤為需要探討。今天的中國高等教育由精英型走向了大眾型，但這僅僅是從招生比例來說的，並不能成為降低高等教育品質的口實。從高等教育在中國教育體系中的地位來看，它仍然承擔著培養高端人才的任務，並且仍然應當是精英教育，或者至少應當保持精英品格。精英教育的核心是個性化教育，讓每個受教育者能夠最大限度地發展自己的個性，文化素質教育也應當成為個性化教育的內在組成部分和重要途徑。

在新時代拓展和深化大學生文化素質教育，既是時代的要求，也是未來的呼喚，它涉及中華民族高端人才的整體素養，影響著中華民族的未來復興，同時，也是關係到中國高等教育未來發展前途命運的重大戰略問題。強化大學生文化素質教育的實踐導向，有助於把大學生的校園學習生活引導到社會實踐的廣闊天地，極大縮短校園與社會的心理和文化距離，使大學生個體能夠更早更好地服務於和融入群體和社會文化體系，增長才幹，提升境界，獲得更加全面和健康的發展。也正是在這個過程中，我國高等教育才能夠更好發揮其文化傳承創新功能，為中華文化建設和中華民族的偉大復興做出更加積極的貢獻。

目　錄

中國與世界

文化與藝術

社會與文化

從文化模式、文化心理看儒學的現代意義

方朝暉　清華大學歷史系教授

　　同學們、老師們、朋友們，今天晚上一起來分享本人多年來的一個研究。到華中科技大學對我來說是一次很好的機會，希望能跟大家好好溝通和交流。我今天跟大家報告的題目，是《從文化模式、文化心理看儒學的現代意義》。我之所以選擇這個題目，是因為自從一九九二年以來，一直困擾我的問題就是：中國未來會成為怎樣一個社會？隨著幾十年來經濟的發展、現代化的成功，中國會成為怎樣的國家？這個國家對世界的意義何在？跟這類問題相關的另一問題是，未來中國的現代性和西方的現代性有什麼區別？如果有區別，這個區別是不是很重要？還是僅僅是表面上的區別，其實中國現代性與西方現代性應當沒有實質性的差異？從根本上講，這些問題涉及未來的中華文明能不能成為一個有示範意義的文明。

　　我們知道，歷史上出現過很多帝國，比如說羅馬帝國、波斯帝國、蒙古帝國、大英帝國等等。每當一個帝國興起的時候，直接向人們呈現一個強大的政權，或一個強大的民族國家，包括它的政治、經濟、文化、制度發展水準，宗教及精神信仰，器物發達程度以及總體生活水準，等等。但是當一個帝國消亡之後，真正給別人留下的有價值的東西，往往並不是這些以「強大」為標記的東西，諸如它的生產力、經濟狀況、綜合國力等等。相比之下，帝國所發展起來的文明價

值和文化理想，作為帝國生命力的支撐者，可能具有超越帝國本身的永恆價值。比如羅馬人的法律和法學思想，阿拉伯人的數學成就，印度人的宗教思想，等等。古希臘人曾在地中海一帶稱霸天下，但今天人們真正欣賞的絕不是它曾經的強大，而是它的哲學、科學及民主思想等。正因如此，在古希臘被完全征服之後，它的這些思想一直到今天仍然在發生著深遠的影響。再以中國為例，中國歷史上強大的王朝很多，但可以說，仁、義、禮、智、信等價值觀作為中國古代文明的核心價值，其價值可能超過了古代任何一個王朝或政權。還有中國人在一千多年前發展出來的科舉制度以及相應的文官體系，作為社會制度建設的經驗，對其他民族也具有示範意義，其價值也比任何一個中國古代政權或國家重要。

因此，當我們衡量一個國家的興起時，應該有長遠的眼光，而不是僅僅局限於那些表面、暫時的亮點，應該看到其背後的可能具有永久示範意義的東西。從這個角度講，我多年來一直在思考一個問題：未來的中國，能建成一個什麼樣的文明，會不會也像人類歷史上許多文明一樣，對全世界產生某種示範意義？還是中國未來僅僅是一個暴發戶，在一個短時期內能創造經濟上的成功或者政治上的奇跡？

從這個角度來思考中國的現代性，我遇到的另外一個問題就是，未來中國的核心價值是不是自由、民主、法治等？如果是的話，中國人今天就沒有必要追求一種跟西方相區別的文化和文明。儘管未來的中華文明一定和西方文明不一樣，因為它有儒家、道家和佛教等，有自己的生活方式和家庭關係等，但這些中西方的區別不構成未來中國區別于西方文明最根本的因素。如果中國人確實有可能建設一個和西方文明不一樣的文明，而且它在核心價值、生活方式、社會制度、整

合方式等構成文明的要素上，確實跟西方文明不一樣，那就值得我們去思考。

　　為了回答上述問題，我首先想到的一個重要理論資源是文化相對論（cultural relativism）。它是二十世紀二三十年代在美國學術界占統治地位的人類學思潮之一。文化相對論重新檢視斯賓塞（Herbert Spencer）、摩爾根（Lewis H.Morgan）、泰勒（Edward B.Taylor）等人所代表的文化進化論（cultural evolutionism）。其實文化進化論在中國早已深入人心，我們基本上都是在文化進化論的觀念下成長起來的。它的基本觀點是認為文化是不斷進步的，從低級往高級向前發展著，這個線性發展的規律是不可能改變的。但是就在中國人開始迷戀文化進化論的時候，在西方開始盛行文化相對論。文化相對論是從人類學的角度，以大量的考古學、民族學和地方誌研究為基礎，說明了文化進化論是站不住腳的。文化相對論認為人類歷史的發展，沒有什麼普遍規律，也不能說在不斷地進步著。它還強調人類的文化有不同的規則和價值取向，人們不能輕易用自身的文化標準來評判文化。文化相對論宣導一定要尊重和了解其他文化自身的邏輯、規則和價值，只有在這個基礎上才能對另一個文化進行評判。

　　與文化相對論相關的另一個思想就是文化模式學說，是露絲‧本尼迪克特（Ruth Benedict）等人提出的，其核心是在文化相對論的基礎上總結不同文化之所以不同的根本性要素。所謂文化模式（pattern of culture），就是指不同的文化有不同的主導性特徵，而這個文化的其他許多特徵都可以用這些主導性特徵來解釋。正因為不同的文化有不同的模式，不能用某一文化模式中形成的價值觀來評判另一文化。人類的文化有多少種模式，是不能夠預測的，我們唯一可以依賴的是

經驗。所以文化模式學說堅決反對從一套抽象的理論原理出發，來推導出人類其他文化可能是什麼樣的模式。文化模式學說實際上為文化比較研究提供了重要理論基礎。比如十九世紀末以來，中國學者提出了大量有關中西文化比較的觀點，也可以用來佐證本尼迪克特等人的文化模式學說，其中包括陳獨秀、李大釗、費孝通、梁漱溟、唐君毅、錢穆等著名學者的有關論點。

當然，文化相對論在二十世紀三〇年代以後也受到過不少批評，批評者指責它忽略了文化之間的共通性，一味強調不同文化的特殊性。這些批評誠然有理，但是從後來批評他們的新進化論思想可以看出，即使後來主張文化進化論的學者們，也已經充分吸收文化相對論的基本觀點，以高度認同不同文化的特殊性為前提，特別是提倡多線進化的斯圖爾德（Julian Steward）和提倡特殊進化與一般進化相區分的薩林斯（M.D.Salins）等人。

另一個相關的研究成果，就是目前西方學界的多元現代性（multiple modernities）研究。把它作為一個重要課題來對待，是從二十世紀後半期開始的。早在二〇〇〇年，美國人文社會科學院的院刊《代達羅斯》（Daedalus）發表了一個「多元現代性」專號。在這個專號上，一大批以艾森斯塔德（Shmuel N.Eisenstadt）等為代表的一批學者撰文討論多元現代性的問題。「多元現代性」這個提法，是指現代性是多元的，不是一元的。換言之，西方的現代性不是現代性的終極模式，也不是獨一無二的有效模式。多元現代性自此成為社會科學和人文科學領域廣受關注的一個話題，目前學術界有大量有關此話題的論著發表或出版，探討人類在未來能否建立出和西方文明不一樣的其他類型的現代性。其中包括這樣的觀點：歐洲並不是現代性的

唯一代表，非西方國家受自身的文化傳統和社會政治背景的影響，可能會形成不同類型的現代性。有的學者還指出，現代性總是以特定的文化形式存在；即使在歐洲社會內部，現代性也是多種多樣的；北歐和南歐就不一樣，東歐和西歐更不一樣。還有學者指出，現代性是一個不斷重構的歷史過程，它本身就像一條河一樣，是不斷變遷的。比如歐洲自身的現代性就是不斷變化的，歐洲今天的現代性和它在十六世紀的現代性就不一樣，所以不能把現代性的內涵固定化。導致現代性多元化的另一原因是西方現代性本身就有很多問題，比如殖民、侵略、吸毒、犯罪等等，非西方國家不可能也沒必要機械模仿西方現代性。更何況，目前許多非西方的國家都有強烈的自身民族認同感，未必以照搬西方現代性為榮。這些都是導致現代性呈現多元化局面的原因。

多元現代性的一個實際佐證來自日本等東亞國家。二十世紀七〇年代以來，越來越多的西方學者關注起日本的現代性，因為日本代表了二戰以來，全世界非西方國家中經濟發展最快、現代化最成功的地區。有些學者認為，日本的成功對普適現代性概念提出了挑戰，讓人們看到了一個和西方現代性全然不同但同樣成功的現代性。比如平等、自由、人權等在西方國家被普遍認為是現代社會核心價值的東西，在日本社會裡恰恰不占主導地位。在日本，對於「禮」、「和」等的追求，遠遠超過了對個人自由的追求。有人指出，現代日本可以說是有階層、無階級，等級劃分並未妨礙個人自由，這在西方人看來是非常費解的事。也就是說，西方人以他們的核心價值來衡量日本社會的時候，發現在西方人看來最核心、最進步的東西，在日本社會得不到很好的體現，但你不能說日本沒有成功的現代性。這就為多元現

代性思考提供了重要的理論資源。克雷默（John Clamer）、阿爾那森（Johan P.Arnason）、艾森斯塔德等人都有這方面的精彩研究。

此外就是關於儒家文化多樣性的思考，這類話題在二十世紀八〇年代以來受到了廣泛重視。通過包括杜維明、狄百瑞（William Theodore de Bary）、貝淡寧（Daniel A.Bell）等許多學者在內的對儒教東亞現代性的研究，人們確實發現在儒家傳統的影響下，東亞現代性與西歐現代性在很多重要的方面表現出不同的特點。比如，政府在東亞國家市場經濟中的作用大於在西方國家；「法」不能代表「禮」，東方人對禮儀的重視超越了其對法律的重視。另外，東亞社會不是以個人，而是以家庭為社會單元。在東亞，市民社會的繁榮發達不像西方那樣建立在與國家的對抗之上，而往往建立在社會、政府、國家三者之間的良性互動上。東亞社會普遍重視教育，甚至將教育作為立國之本，這體現了東亞傳統的賢能政治思想，無論是理論上還是現實上都與西方不太一樣。東亞社會重視修養和德行，把道德作為社會進步的重要動力，這與自由主義處處貫徹權利意識不同。

上述諸多研究，無論是文化相對論、文化模式說，還是多元現代性、儒教東亞說等，都從不同側面為中國現代性及中華文明的獨特性提供了間接佐證。我們不應該妄自菲薄，盲目崇拜西方現代性，而應該積極探索和思考中國現代性的模式問題，從中求得未來中華文明形態的答案。

上述研究使我們不得不再次面對文化的問題。文化才是構成不同國家、不同民族塑造出不同于西方現代性的自身現代性的主要根源。在日本，幾乎沒有人認為其現代性的獨特成就主要歸功於西方價值，而是多認為歸功於自己的文化傳統，在韓國和其他地區也是這樣。這

說明文化的慣性是非常大的，有時具有決定性的作用。

　　然而，也有人質疑文化的力量是不是像前面想像的那麼大，文化從根本上還是由環境、制度、器物等因素所決定的。究竟文化的力量有多大，在文化與環境、制度、器物之間究竟誰更有決定性，表面看來像是一個雞生蛋還是蛋生雞的循環問題。其實也不一定。制度可以隨時變換，但文化絕不是想變就能變的。歷史證明，文化的慣性遠大於一切制度。政體、所有制、器物、科學技術甚至宗教信仰等，可以在非常短的時間內發生改變，甚至完全照搬別人。但是在文化方面，比如一個民族的生活方式、思維習慣之類，很難在短時間內改變。比如你到臺灣地區，你會驚訝地發現海峽兩岸分治那麼久，社會制度和經濟科學發展水準都有明顯差異的情況下，在生活方式領域幾乎看不出什麼根本差別來。尤其是在日常生活中，臺灣人使用的俚語，有時讓你大吃一驚，跟大陸的用法一模一樣；此外，臺灣人和大陸人一樣講人際關係，重人情面子，一樣喜歡一塊吃喝。這裡，所謂生活方式和思維方式及其背後的文化心理結構，其實就是文化中最基本、最難變的東西，而文化中有些方面可變性也很大。

　　所以，文化的慣性究竟有多大，作用又有多大，值得進一步研究。只有把這個問題搞清楚了，才能比較好地回答中國現代性和未來中華文明的模式問題。回到開頭的問題，儘管這裡無暇詳述未來中國現代性、未來中華文明的內涵，但是通過前人理論資源和研究成果的介紹，我們可以肯定地認為，未來中國的現代性以及未來中華文明的形態一定與西方不同，而且它們之間的差別不大可能只是表面上的、小的差別，而是具有實質意義上的區別。所以我相信未來人類文明會走向多極化，儘管也會日益全球化。當然，如果未來的中華文明和西

方文明不一樣，也許不是由於中華文明一定比西方文明更高級或更低級的問題，而是由於歷史文化背景不同，由於文化心理結構所致，也是不得不這麼選擇的產物。

2010年於華中科技大學演講

田小桐根據錄音整理

社會轉型期城市家庭所面對的挑戰

楊善華　北京大學社會學系教授

　　各位老師和同學，很高興能夠有機會跟大家交流。今天給大家講講我在家庭研究方面的一些體會，題目就是《社會轉型期城市家庭所面對的挑戰》。

　　首先我要講一下社會轉型對社會來講意味著什麼。從我個人感受來講，我一九九〇年畢業之後在北大任教，那時候我每月的工資是九十八塊錢，對大家來說是不可想像的，但那個時候物價很低。我覺得社會轉型對每一個人來說，非常重要的一點就是增加了一種不確定性。其實在計劃經濟時期，每天每個人做什麼事情都是可以預期的。那個時候工資的增加是非常稀罕的事情，但是現在漲工資很正常，不漲工資是異常，那個年代與現在剛好相反，這是一個非常重要的變化。一方面，現在我們每個人對工資都有預期。另一方面，年輕人的職業和上一代人的職業有很大不同。比如，北京醫科大學的同學畢業之後，最希望留的就是以前北醫（北京大學醫學部）的幾家醫院，比如說北京大學第三醫院（北醫底下的醫院基本上都是三甲醫院）。因為他們覺得進了這樣一個地方，對他們來講有用武之地。而且如果他們要做研究的話，學術上會有更大的長進。同時在晉升的時候，相對來講他會升到一個更高的位置。在醫院系統裡面等級是極其嚴格的，所以對於現在的年輕人來講，他們對職業有一個更高的期待，尤其是

對於進入高校的年輕人來講。這個結果就意味著，年輕人和上一代人在收入和資源的分配中，很明顯是向年輕一代傾斜，這是一個很大的不同。在計劃經濟時代是憑年資的，就是說年齡越大收入越高。

所以我要講的就是，現在由於市場競爭機制的建構，城鎮的百姓將永遠告別「鐵飯碗」的時代，同時也要面對由此而來的一些風險。現在「跳槽」非常普遍，面對這樣一個情況，對於一個職業來講，一個人能夠在一個職位做多久，現在已經是非常不確定了。但是反過來說，如果你不想冒太大的風險，最好的辦法就是進入國有單位。這樣是相對比較穩定的，但是收入比較低。這是在城市裡生活的每個人都要面對的，我們稱之為「收入分化」。其實就是因為在不同的單位，導致家庭成員收入的差別。以往，在計劃經濟時代，每一個地區都有一個工資類別。比如廣州屬於十類地區。在廣州，如果你是一個大學生，第一年畢業你拿五十塊一個月，轉正以後拿六十塊。像上海屬於八類地區，第一年拿四十八塊，第二年拿五十八點五塊。如果兩口子都是大學畢業，他們兩個工資是一樣的。但現在已經不是了，現在收入差別有兩個表現，一個是向年輕一代傾斜，還有一個是性別傾向，向男性傾斜。所以現在很多女同學就業很難，因為在職業市場上有性別歧視。還有就是進了單位之後，女性工資往往比男性工資要低。這是很多單位的普遍情況，所以很多家庭有一個應對策略。在早期，二十世紀九〇年代有一個非常有名的策略叫「一家兩制」。就是老公在政府當公務員，就有福利購房等福利，但是工資不高。老婆就去外資企業，拿高薪。所以「一家兩制」把兩頭的好處都享受了。但是這個辦法的背後蘊含了一種社會變遷。這反映了社會轉型帶來的社會變遷已經切切實實地影響到了每個家庭。

與此同時，區域與群體的分化也影響到在區域與群體中生活的個人，個人之間（亦包括家庭之間）也出現了明顯的分化。貧富差距不僅體現在區域與區域和群體與群體之間，同時也體現在生活於不同區域和群體之中的個人之間，包括生活於同一區域和群體中的個人之間。這樣一種分化是在城鄉社會中生活的每一個人都能感覺到的。在城市中，人們看到這樣的分化首先體現在體制內外的不同個人之間，即在國有制企業和非國有制企業、在新興產業和傳統產業中工作的個人之間。其次，分化也體現在同一體制內的不同部門工作的個人之間。對於低層次的家庭來說，在二十世紀九〇年代面臨的一個大問題就是下崗。我在北京做過一個關於單親母親的調查，做完調查之後有很多感觸。我發現這些人是最弱勢的，她們下崗之後，與老公離婚了，孩子又給她們帶。當時下崗一般有兩個原因：一是身體有病；二是文化水準不高，從事的是一般的崗位，別人可以頂替。我做了這麼多年的家庭婚姻研究，可以說婚姻本身是有一個市場的。假如這個情況發生在農村，在農村裡，女性屬於稀缺資源，只要是女性，總是可以嫁出去的。但是在像北京這樣的城市就不一樣了，反過來男的變成稀缺資源。這是在城鄉的婚姻市場上，男性和女性在供求關係上所處的不同狀態。所以當年的下崗對於很多家庭來講，有深切的影響，導致一些家庭跌到了城市社會的底層，而且很難翻身。所以我們可以看到貧窮是怎麼再生產出來的，貧窮影響的不只是個人，還影響了孩子。單親家庭的孩子在學校裡面表現是比較孤僻的，不太合群，自信心也不夠。所以成績不是很好，家裡面媽媽就會恨鐵不成鋼，有的時候家庭關係比較緊張。對這個家庭來講，媽媽把希望寄託在孩子身上，但是孩子未免能夠解決問題。所以現在中國社會越來越變成學歷

社會，也就是說一個人要實現向上的社會流動，就只有一條路，就是參加高考。上大學尤其是名牌大學，家裡才可能有更好的出路。所以在我看來，這些家庭是沒有希望的。它試圖通過子女的上學來改變他們的問題，這個恐怕也是很難做到的。

我們現在看到的是城市家庭一個實際的情況。這就暴露了一個矛盾，就是經濟體制和經濟結構。我認為這些問題歸根結底就是資源如何合理有效配置，如何根據社會公平的原則去調節已有的利益格局的問題。正因為如此，經濟體制改革才會在如此廣的範圍中涉及那麼多人。我覺得現在跟二十世紀八○到九○年代城市經濟體制改革開始的時候有一個很不一樣的地方，就是對現在的改革，贊同的人不像以前那麼多了，因為現在的改革已經在更深層次上、更廣範圍內觸及了城市社會裡的各個階層的切身利益。人對於一個政策的擁護和反對是基於自己的切身利益是得到維護還是損害。所以當時朱鎔基推行的國有企業改革，在城市裡面波動是非常大的，而且阻力也很大。九○年代末期，我們曾經關注過這個事情，就發現勞動部門的就業技術培訓沒有解決朱鎔基想解決的這個問題。

剛剛我已經講過了社會層級的分化。到二十一世紀，我們可以看到的是家庭收入確實普遍增加了。但是從反面來看，城市和以前不一樣了，出現了階層固定化的現象。二○○六年的時候，我們在上海做過一個社會調查，訪問過一些城市的家庭。回來之後我們開討論會，有一個同學就跟我們講一個問題，就是說在上海，一定級別的幹部已經形成了一個固定的交往圈，他們只跟圈內的人交往，而且他們對孩子的教育是有一個沙龍的。進了這個沙龍的人，大家都是知根知底的，生活都差不多。對於培養孩子，他們會用一個指標，比如每月去

聽幾次音樂會，每月去看幾次芭蕾舞。在以前來講，這叫貴族生活。在這個圈子裡已經形成了可以跟其他階層進行區分的生活方式，這是最重要的一點。根據這一點，我們判斷現在，在城市裡出現了階層固化的現象。我們團隊裡有個同學，他的一位朋友在廣東的寶潔公司工作，是名女性。寶潔是個外企，他知道現在她是個白領，他就說你現在做白領的工作，你肯定是個白領。但那個女同學說我現在還不是白領，我準備在三年時間之內把我變成白領，在八年時間之內把我變成金領。這個背後有一個非常深刻的含義就是，她現在從事白領的職業，但還不是白領。她還必須要把自己從觀念到行動都要變成白領，就是對自己進行一番改造。比如看時裝雜誌要看《瑞麗》，買東西有固定挑選的商店，包括穿什麼樣的衣服、用什麼樣的香水都是有講究的。所以說只有她把這些東西變成自己的一種習慣的時候，她才能稱自己為白領。那麼這就是我們從另一方面看科學技術的進步和變化對社會階層的影響，所以我們的研究除看到現在的社會轉型之外，還要看到現在飛速發展的通信技術。就像iPhone、iPad，蘋果公司的手機或者平板電腦對於個人的影響，甚至在很多地方已變成個人身分的標誌。

在一九九三年的時候，我們有過一個假設，就是由經濟體制改革帶來的社會變遷對家庭的影響主要體現在三個方面。一方面是收入，另一方面是個人職業流動，第三個方面是家庭的職業分布和社會地位。我們把這三個方面作為中間面，也就是這三個方面的變化影響家庭夫妻的收入格局，還會影響家庭的價值觀念。家庭的價值觀念不僅表現為功利主義文化及其評價體制，也表現為風險意識的增強。什麼是功利主義文化呢？舉一個例子，北京過去最好的中學是北京市第四

中學（簡稱「北京四中」）。後來我們發現在二十世紀九〇年代之後，北京四中的成分和家長對它的期望發生了很大的變化。因為我知道在六〇年代的時候，北京四中是一個叫「三高」（高級幹部、高級民主人士、高級知識分子）子弟的學校，通常情況下平民百姓的子弟進這樣的學校是很不容易的。所以在六〇年代的時候，北京四中的學生有非常強的社會責任感，也就是說他們以後是準備成為國家的棟樑之材。北京四中確實很牛，出了很多中央委員。但是九〇年代的時候，北京四中發生了很大的變化，更多的學生是平民子弟。家長為孩子能上北京四中想盡了辦法，把孩子送進北京四中，等他們畢業考北大清華，很多人填志願就填光華管理學院。所謂功利主義文化，就是非常直截了當，只看效用。功利主義對城市家庭也有非常大的影響。社會變遷對城市家庭的影響是社會格局，還有職業以及家庭成員的價值觀念。這三個方面就影響到家庭內部的關係。

具體來說，伴隨市場經濟格局的變遷，就是剛剛我說的下崗工人再就業，家庭主要成員職業流動的趨勢被強化。這種職業流動會改變他們職業和社會地位的分布，導致他們在家庭中的地位和相互關係發生變化，所以我們現在必須承擔更多的風險。一九九八年，我做《現代城鄉家庭研究》報告的時候做了一個判斷：家庭面對更大的風險的時候，它會影響到家庭的凝聚力，會使家庭的凝聚力在一定程度上變強。因為在個人遇到問題的時候，他最先求助的關係成員一定來自他的家庭，因為家庭是他最信任的。之所以說單親家庭的孩子最無助，不僅是因為他們太弱勢，還因為其父母的家庭和兄弟姐妹的家庭跟他也差不多，大家互相能提供的幫助是有限的。剛剛我們也講了收入格局變動的趨勢，使得原來家庭裡男女平權的關係模式發生了一種微妙

的變化。大家都知道現在城市裡面有全職太太，老公掙錢，老婆就負責教育孩子，這是一種。還有一種就是在經濟結構變動當中，年輕一代想進一步確立在職業競爭中的優勢地位，從而在家庭中確保一種代際平等關係的建構，使得子女在自身問題中取得更多的發言權。但是現在我發現，我這個報告要有所修改。因為在城市中高房價的現象，子女一旦要進入結婚成家這樣的過程中，還必須要依賴家庭。我在北京做調查就發現，很多孩子結婚買房的首付，通常是父母幫他們解決的。兩個人在學校談戀愛是自由的，但是一旦要結婚，雙方父母見面就會遇到來自社會的阻力。比如彩禮問題就是一個社會規範問題。所以在目前城市這種高房價環境中，對年輕一代不太有利的就是在婚姻問題上與父母討價還價的餘地會減弱。從父母的角度來講，他們肯定是為了孩子，但是目前城市存在一個問題就是結婚結不起。即使按照目前的婚禮的水準和規格，我想對一般的家庭來講可能都會是一筆不小的開支。

從另一方面來講，一九九○年以後，原來一些社會的外部功能發生了變化。比如說養老，隨著社會保障制度改革的深化及企業經濟效益的分化加大加強，家庭消費水準的差距也會隨著家庭收入水準的分化和價值觀念的變化進一步增大。所以現在城市家庭的消費有兩大開支。我記得有一個教授曾經講過為什麼中國國內市場開發很不容易，因為沒有提供最重要的兩個保障。一個是住房保障，你要買房你就要省錢。另一個是家庭對教育投入的保障，真正的素質教育培養一個人，其開支是非常大的。這兩種開支導致家庭必須要緊縮其他開支。現在，在城市家庭中，基本上幾大件都有，彩電、冰箱、空調這些問題都解決了，那麼剩下的問題就是買房、買車。我認為這是在看一個

城市的消費結構，其實這背後還有社會變遷。在十年裡面，有很多事情可能是過去想像不到的。

還有一個方面是家庭結構。就我個人來看，現在大都是獨生子女家庭，家庭結構越來越簡單，而且通常情況下小家庭是獨居的。目前城市的獨生子女政策會帶來很多問題，可能在最近的一段時間裡就會出臺新的生育政策。這個時候也許會在很多地方開放生二胎。但是現在主要的問題不是開放生二胎的問題，而是當了父母的年輕一代願不願意生二胎的問題。這是一個非常實際的問題，因為現在生一個孩子成本太高。現在的家庭結構變成了「4-2-1」模式，就是一對中年夫妻，上面有四個老人，下面有一個年輕的孩子跟他們一起生活。但是中年夫妻可能是跟四個老人分開住的。這就意味著兩種情況。一種情況是一家三口人，構成核心家庭；還有一種情況是一家兩口人，只有一對夫妻，沒有孩子或者有孩子但沒住在一起，通常我們把這種家庭稱之為空巢家庭。像在北大，這種家庭太多了，父母都把孩子放在國外留學讀書，後來就不回來了。現在，空巢家庭在城市養老中變成了一個非常大的問題。

從價值觀上看，有一個跟過去不一樣的地方是個人本位。個人本位導致家庭凝聚力的降低，家庭凝聚力的降低最主要的是現在年輕一代都很獨立。舉一個例子，我有一個朋友他只有一個女兒，他女兒結婚了。過了幾年他女兒離婚了，是因為他女兒結婚之後，和她老公為撫養孩子產生矛盾。他們雙方都覺得還沒有玩夠，應該對方照顧孩子，所以孩子的照顧問題最後沒辦法解決，導致他們兩個人離婚了。舉這個例子是想說明，他們沒有意識到婚姻本身是伴隨著責任的，這是婚姻跟戀愛最大的不同，婚姻是有契約的。當你拿了結婚證就意味

著你的角色已經轉變了，你已經從單純的女孩變成妻子了，雙方之間有對等的權利和義務。如果誰沒有意識到這一點，其家庭就會出現問題。所以我個人認為離婚率在一定程度上是會升高的，而且家庭類型的變動可能會更加頻繁。

後面我們就講家庭面對的一些挑戰。這有一些資料，大家可以看到，一九八三至一九九二年，北京、上海、成都這些城市裡的夫妻，老公掙錢比妻子明顯增加。我只是從均值來顯示這樣一個結果，其實我們還可以用夫妻收入的比例的角度來看。可以得出兩條結果，一個是差距拉開，還有一個是丈夫和妻子收入分化。後面就是比較一九五九到一九六九年，這是一個結婚年代。一九八四年也是結婚年代。可以看到年輕一代的性別傾斜明顯是增加的，我認為這有助於增加丈夫的話語權，也有助於鞏固和提升丈夫在家庭中的地位，從而加大丈夫的優勢。在家庭關係方面，年輕一代在職業競爭中的優勢地位和在家庭關係中確保平等關係的實現以及自由、涉及自身關係方面取得更多的話語權。另外有一點需要修正，就是剛剛講的九〇年代房價的上升，對年輕一代還是不利，對其父母來講負擔同樣增加了。

同時來看城鎮居民恩格爾係數，恩格爾係數是食物占家庭總開支的比例。從一九九〇年到二〇〇〇年，恩格爾係數是逐年降低的。生活條件的改善和家庭小型化的趨勢，為年輕一代提供了獨立生活的可能。我對小型化有一個解釋，由於家庭結構的簡單化，在這種簡單化下每一個家庭都向構成家庭最低的人口容量靠近。隨著家庭平均人口的下降，反過來也說明在城市裡面家庭結構越來越簡單。在我個人看來，在中國，主幹家庭能夠成為基本家庭模式而存在，還可以保持一定的穩定。主幹家庭就是三代同堂。中國的主幹家庭之所以能夠成為

基本的家庭結構，更多的是因為中國獨特的家庭生命週期。這和美國人典型的家庭生命週期不一樣，因為美國人強調子女在十八歲之後必須要離家，而且離家之後不可能再回到家庭裡面和父母一起生活。中國的家庭生命週期是在小家庭的每個生命階段，家庭成員都有重新選擇的可能。比如說你們在結婚的時候有兩個選擇：和父母一起住或者單獨住。當你們生孩子時又有一次選擇的機會。比如說你在武漢安家了，你就可能會把父母接過來跟自己一起住。但這種情況是不穩定的，有可能孩子長大之後你又會跟父母分開住，這個時候又重新變成核心家庭。所以在中國家庭生命週期的每一個階段，其實它都是處於一個變動的可能當中。只有等到六十歲老了之後，那個時候也許會選擇穩定下來。但是也有可能七十歲的時候，配偶去世，又選擇和子女一起住。這是中國家庭生命週期一個非常重要的特點。

再看在中國農村的家庭。如果你們看過電視劇《新結婚時代》，你們就會發現「鳳凰男」也不是這麼好找的，如果「鳳凰男」把他父母接到北京來住麻煩就大了。父母就會責怪媳婦為什麼不生孩子，這在農村來講是非常重要的。所以這種情況就會隨著家庭結構的改變帶來新的問題。當家庭平均人口降到三點四的時候，意味著基本上有兩種家庭：主幹家庭和核心家庭。大家可以看到這是後期我補充的資料，它雖然有一點變動，但基本趨勢還是在下降的。

現在講講當代城市家庭面臨的挑戰。很多資料都在強調離婚率的問題，現在的離婚率上升得很快。我個人對這個問題不是持一個很贊同的看法。首先是對離婚率的測定，我們現在通行的是三種做法。一是民政部公布資料，分母是當年全國的總人口，分子是當年全國的離婚人數。對於這個指標，我個人認為是不太合理的，我認為分母應該

是當年全國的已婚總人數，分子是離婚人數，這樣測定是比較合理的。因為你不能把剛出生的小孩歸結到分母裡面去，如果這樣做，測定出的離婚率的結果肯定是偏低的，因為它的分母太大。二是我們經常在報紙上看到的，是把當年的夫妻離婚對數作為分子，把當年結婚的夫妻對數作為分母，這樣測出來的離婚率又太高了。應該跟當年全國的夫妻對數比。三是測定一百對夫妻裡面有幾對夫妻離婚，這種演算法應該是最合理也是最科學的。但是我做了這麼多年家庭婚姻的研究，就知道這樣的離婚率其實是最難測定的，所以通行的還是接受民政部的演算法，雖然算出來的離婚率比較低，但是假如每年口徑一致，十年的時間還是能看出一個趨勢來。我個人認為，現在很多城鄉市民覺得周圍離婚的人越來越多，很大程度上是受到宣傳的影響，媒體為了吸引眼球，所報導的一般是個案。

根據我們在北京做的一個調查，假如我們訪問八百位，不到百分之三的人承認其現在處於離婚的狀態。這個就比剛剛講的第二種演算法的離婚率要低很多。所以我個人的看法是，離婚率雖然在目前是穩中有升的，但是升得沒有那麼快。中國大多數家庭其實還是很穩定的。但是穩定跟婚姻品質不是對等的。穩定並不意味著婚姻品質很高，穩定只是說這兩口子還能過下去，但是你問他們兩口子過得滿不滿意，你在不同的時候問結果肯定是不一樣的。所以對婚姻的這種主觀設定是不能令人信服的。我們做家庭婚姻調查就會問很多具體的問題，比如：你們家誰當家？家裡的日常支出誰支配？還會問家務分工是怎麼樣的，這對夫妻來說是非常重要的一方面。如果你們沒有進入婚姻，你們是沒法體會到家務分工的重要的。家務分工是在結婚剛剛開始的時候形成的這樣一個格局。我曾經講過一個很極端的案例。講

的是一對夫妻在結婚之前，男方其實是會做飯的，但是別人都跟他講你不用顯示你做飯的手藝，不然你就要一直做飯。所以男方就假裝不會做飯，就由太太做飯。結果一年以後，太太得了比較嚴重的病，醫生就責怪男方是怎麼照顧妻子的。然後男方就良心發現坦白了一切，從此以後就一直做飯。類似這樣的故事，其實在家庭生活中是一個非常正常的事情。現在年輕人剛剛結婚的時候有新鮮感，父母歲數也不大，有很多年輕人就跑到父母家裡蹭飯吃，這樣就會減少家務勞動的工作量，但這樣不是長久之計。以前龍應台寫過一篇文章，題目就叫《上海男人》，就是寫她去了上海，太羨慕上海女人了，上海男人把家裡所有事情都承包了。上海的菜市場是早晨五點半開始營業，上海男人早晨五點半就拿著菜籃子去菜場是第一件事情，然後把家裡需要的早飯、油條、豆漿都帶回來，伺候全家吃飯後去上班。晚上下班回來就下廚做飯，而且上海男人織毛衣織得很漂亮。我覺得這是上海男人比較偉大的地方。但是我有個同事看了這篇文章就很生氣，認為完全是歪曲事實，然後就專門去做一個有關家務分工的調查，調查結果顯示上海的女人承擔了家務的百分之七十，所以龍應台寫的完全是個案。

我相信我同事做出的這個調查結果是沒錯的，但是男性承擔百分之三十的家務已經是一個相對客觀的數字了。從我這麼多年做調查來看，我發現男性承擔家務的程度是隨著地域的改變而改變的。以長江流域為界，越是往北，男性做家務做得越少，越是往南，男性做家務做得越多，所以長江流域的男人做的家務是相對最多的。這是一個觀察，實際情況還是要看具體的資料。從家務分工來講，實際上反映了一個問題，即不管是男性還是女性，他都必須意識到他對家庭是承擔

責任的。我給大家看一下離婚率的資料，證明一下剛剛的判斷，我認為離婚率是穩中有升的，還有我個人對於中國家庭目前的狀況不是很悲觀。我認為中國家庭的凝聚力還沒有下降到已經不行了的程度。

後面就是一個很簡單的結論，我個人認為中國城市社會在轉型期發生的社會變遷確實給城市家庭帶來若干影響因素，這些因素也有可能影響城市家庭的凝聚力，因此對城市家庭挑戰的實質是對家庭以往凝聚力的挑戰。在這個層面，我們可以進一步看到有兩種力量在影響中國城市家庭凝聚力。一種是中國傳統家本位文化和它相應的價值觀，還有一種是功利主義以及和它相應的個人本位的價值觀。我個人認為和家本位文化相連繫的是父母對子女負責任的「責任倫理」價值觀的傾斜。責任倫理是確保中國家庭凝聚力的一個非常重要的因素。

下面我解釋一下家本位文化。家本位文化在中國根深蒂固，主要有三個層面。第一個方面是個人利益必須服從家庭利益，反過來家庭也有照顧每一個家庭成員解決生存問題的責任。在農村，剛剛結婚的年輕夫妻，一旦生了個兒子就要開始給他存錢，然後蓋房讓他的兒子將來能夠娶媳婦。如果生了五個兒子，那負擔就很重了。第二個方面是個人對家庭的責任是伴隨個人生命的始終的。在座的同學，你們從小就被父母家人教導你們是對這個家庭有責任的。第三個方面是這種對家庭的責任要擴展到他的家族。在中國，大家都知道光宗耀祖、衣錦還鄉的意識是根深蒂固的。因為有這樣一種家本位和責任倫理，到最後就變成一種家庭凝聚力。我們做手機調查，就問一些老人拿手機幹什麼，他說有的時候就是給兒女打打電話，有的是兒女怕父母走丟了，所以手機上附帶著一種家庭責任。中國父母的那種表達是很含蓄的，他不會直接說我想你了你回來吧，他會說今天家裡包了餃子回家

吃餃子吧。但兒女很難理解父母的這種苦心，他可能會說我今天不想吃餃子。所以這種表達方式可能就會在家庭關係中產生一些矛盾。還有一個就是中國人要面子，會在外人面前誇孩子，但是還要謙虛一下，比如你們考上同濟，父母可能會說我家孩子不行才考上同濟，這種貶低的背後實際上是一種表揚。如果把這些事情連繫到一起看，你們就會發現，別看你們現在看起來很自由，其實中國傳統文化已經在你們身上打下深深的烙印。等到你們走進婚姻的殿堂並生兒育女的時候，你們就會體會到這一點。

關於養老問題，責任倫理有一個最大的改變。舉個例子，別人會問你父母：「你們的兒子或女兒孝不孝順？」孝，如果按照孔子當年的說法，最重要的一點是事親，父母在不遠遊。但是你們想，你們現在做到了嗎，頂多是寒暑假回家。所以我們可以看到現在孝已經發生了很大的改變。現在父母對你們的要求不是孝，而是能夠有出息，將來有個好工作，在社會上有一定的地位。這個就是對父母最大的孝順。這背後其實也是一種社會變遷。我個人的看法是，隨著年輕一代步入婚姻，他們會感受到父母對他們的親情，從而促使他們實現向家本位傳統的回歸，因為人對親情的需求是任何物質的東西都無法取代的。

我的報告就到這裡，謝謝大家！

2011年於華中科技大學演講

田小桐根據錄音整理

當前中國經濟安全透視

江　湧　中國現代國際關係研究院經濟安全研究中心主任

　　很榮幸來到這裡和大家一起來探討中國經濟安全問題。今天給各位老師、同學彙報的有四個方面的問題。

　　第一個是談中國人為什麼勤勞而不富裕。首先就是發展和安全問題。我們這麼多年都在談發展是硬道理，這個毫無疑問，沒有發展就沒有今天的現代化。就像我寫的書裡講的：「任何不持有偏見的人士都認為我們今天過上了好日子。」但是我們的好日子能不能維持下去？魯迅先生講得好，他認為，中國人有三種，一種人曾經闊綽過，他就想出國；還有一部分人正在闊綽，他就要維持現狀；也有一部分人沒有闊綽，就想革命。所以我們今天過上好日子並不代表咱們十三億七千萬人都過上了好日子。相當一部分人還沒有過上好日子，相當一部分人曾經過上好日子，但現在是「王小二過年，一年不如一年」。所以發展這個道理硬到什麼程度，現在是一個很大的問題。發展在很長一段時期有一個困局，就是人們把發展等同于增長，其實發展與增長的差別非常大。發展是全面的，馬克思主義哲學裡講得很清楚，發展最終是人的全面的發展。所以對於發展就是硬道理，到了今天這個地步，我們就要思考了，我們把發展等同於經濟增長，又把經濟增長等同於GDP（國內生產總值）的增長。GDP與發展、增長的差別都是非常大的，所以，如果按照這條路走下去的話，就很有可能

導致一個「內斂化」態勢。這是一個專業術語，就是增長而不發展，就是經濟有發展，但是社會停滯了，甚至在某些領域倒退了。為什麼會出現這種狀況呢？因為我們的增長是靠市場經濟拉動的，這個市場經濟有很多缺點，也有很多優點。它的優點就是我們通過市場可以自然地去配置資源，但是市場又如波蘭尼在《大轉型》這本書中所表述的，「隨著人類社會的發展，經濟的增長必然要進入一個危險的狀態。市場經濟可以促進生產力的發展、社會經濟的增長、物質財富的創造，但是市場經濟的發展也可能會帶來一個慘痛的結果，就是它會把很好的人的道德良知、優美的環境和良好的社會秩序都拖進撒旦的魔法去碾個粉碎。所以用市場經濟來主導社會的發展，未來必然會走向毀滅」。如果你今天讀這本書，你根本不會覺得它是在二十世紀四十年代寫的。我們今天走市場經濟，我們看到市場經濟的確給我們創造了極大的物質財富，極大的生產力，但同時它把我們很多好的東西，就是我們剛才講的道德良知、優美的環境和良好的秩序都拖進了「撒旦的魔法」，正在一步一步地碾個粉碎。所以我們看到我們今天GDP「上天」，道德「落地」，環境惡化，社會矛盾凸顯，還有對國家、民族的認同感岌岌可危。我經過研究認為，安全和發展要處於一種平衡狀態。其實對中國人來說，這個理解不是很複雜，因為中國人都知道中庸思想，「執其兩端而用其中」，任何一個走極端的都是失之偏頗的，必須在安全和發展之間尋求一種平衡。所以我認為，不發展，危險；不平衡發展，更加危險。這就是孔子講的「不患寡而患不均，不患貧而患不安」的深刻內涵。我們現在已經領略到了市場經濟的不足，說好聽一點就是市場經濟有失靈的地方，說中性一點就是「撒旦的魔法」，說不好聽一點就是我們在某些方面要付出越來越沉

重的代價，甚至是越來越大的風險和危機。安全問題其實很簡單，大家都知道安全要優先，發展居其後。其實我們的發展尋求的是共同發展，鄧小平當時作為總設計師設計的社會主義市場經濟也是很清晰的，就是解放生產力，發展生產力，消除兩極分化，最終實現共同富裕。但問題是我們如何實現共同富裕？我們的經濟學家指出了一條路子，就是先讓富人把蛋糕做大，大家在分這個蛋糕的過程中都能得到更大的一塊，這樣就能實現共同富裕，由先富帶動後富。但實際上這是一個烏托邦。人類社會歷史發展證明，特別是市場經濟發展證明，先富帶動後富是沒有辦法實現的。有史為證：美國在十九世紀最後十年就全面超過了英國，成為世界上最富裕的國家，這個世界上最富裕的國家實現共同富裕了嗎？如果實現了還會有佔領華爾街運動嗎？還會有百分之九十九起來去反對百分之一嗎？所以用市場手段來實現先富帶動後富的理論在經濟史上是不成立的。那麼當今的中國又是怎樣的呢？儘管中國在整個國際分工中處於分工的末端，獲得的收益是很微薄的，但是因為中國經濟體系龐大，參與國際分工的量較多，所以這些年來我們獲得了不少財富。但是財富主要集中到一部分人手上去了，這部分人先富起來了。問題是這部分先富的人要麼跑路了，要麼移民了。所以我們現在要反思了，如何實現共同富裕？如何實現先富帶動後富？歷史很清晰地印證，用市場手段來實現先富帶動後富是失敗的，這就是「撒旦的魔法」。這就是GDP「上天」、道德「落地」的一個很刺痛人心的見證。這就是我個人認為的我們在發展和安全問題上出現了偏差。剛才講的都是細枝末節，更關鍵的是現在我們往何處去？這是非常關鍵的。中國講「三十年河東，三十年河西」，我們已經有三個三十年了。從五四運動到中華人民共和國成立，在這個

三十年，中國仁人志士要探尋一條擺脫半殖民地半封建社會的道路，我們最後成功了，我們走上了新民主主義革命的道路，建設了新中國；一九四九年到一九七九年又是三十年。前面說我們站起來當人，現在是怎麼當一個富人。我們希望當一個強人，但問題是向何處去不是一個很簡單的問題，必須要明確現在處於何處，從何處來，這是非常關鍵的。我們現在發覺，有一批人要切斷我們的歷史，我個人認為這是非常危險的，一個民族如果不知道從何而來，現處何處，往哪個方向走，這是很麻煩的。

第二個是講主觀感受和客觀狀態的問題。首先我們講安全。安全首先是一種客觀狀態，我們在這個地方不會杞人憂天，這是一種客觀狀態，我們感覺很安全。但問題是這個現代化的大樓是不是豆腐渣工程，我們就不敢肯定了。我們覺得很安全，但是實際上往往還不能排除一個危險的狀態：這個樓有問題。這就是一種狀態，狀態馬上就給人帶來一種主觀的感受。所以「盲人騎瞎馬，夜半臨深池」既是一種主觀認識，也是一種客觀狀態。道理很簡單，盲人騎著瞎馬在半夜走到深水池塘旁邊，這是一個很危險的客觀狀態，但是盲人和瞎馬如果能夠很僥倖地在水池邊勒馬了，他只要不掉下去，肯定感覺到永遠是安全的，因為他感覺不到他處在一個非常危險的客觀狀態。所以一個國家的安全，包括我們個體感覺到的安全，是一種客觀狀態，同時也是一種主觀感受。為什麼對中國來說，這兩種感受和狀態都很重要？因為中國的今天跟中國的昨天和前天大不一樣了，因為中國的利益越來越點多、面廣、量大。我們經常說「哪裡有海水，哪裡就有華人；哪裡有華人，哪裡就有中國利益」，這已經不再是一個神話了，這是實實在在的。我們原來說美國的利益到哪裡，它有兩個力量必須做保

證，一個就是它的軍事力量，還有就是它的情報力量，這樣就能保證美國的海外利益。但中國不是這樣，中國自古至今都有一幫「風風火火闖九州」的人，原來的「三刀」——剃刀、菜刀、剪刀——闖南洋，在外面吃了很多虧。中國即使是處於鼎盛的時候，都沒有一個很好的機制能保證海外華人的利益。在今天，這種情形越發突出。在今天，全球化、金融化、資訊化把這種狀況在第一時間予以全景式再現，所以這個時候想迴避是不太可能了，因為我們的利益越來越點多、面廣、量大，中國在海外的人流、物流、資訊流涉及得越來越多。還有我們的安全意識不斷提升，原來我們不太敏感的，現在可以第一時間全景再現。儘管我們富起來了，我們防範安全的手段增多了，但很多東西防不勝防。還有我們內外挑戰越來越多，越來越大，我們對西方形成全方位的不對稱依賴，我們不能認為相互依賴就安全了。其實，相互依賴並不安全，相互依賴要看是一種什麼樣的結構，如果你依賴對方比對方依賴你的程度更大，你就不安全了。中美之間相互依賴程度很大，它們認為相互依賴就安全了，其實根本就不是這麼回事。因為美國對中國的依賴程度遠遠小於中國對美國的依賴，這樣就可以授予依賴程度小的一方一種特權來不斷地敲詐依賴大的一方。當初的夏威夷就是這樣被美國拿走的，因為夏威夷的蔗糖只能賣給美國，後來美國利用夏威夷對它的這種高度依賴，搞了個政治操作，進行公民投票，後來夏威夷就並到美國版圖裡面去了。夏威夷對美國的依賴遠遠超過了美國對夏威夷的依賴，這是一個全方位的不對稱依賴，而且更加危險。這是一個力量分析。現代社會有三大力量，從三大力量分析，我個人認為中國現代社會矛盾非常尖銳。這三大力量是什麼呢？就是政府的權力、社會大眾的民力和企業市場的潛力。

這三個力量如果處於均衡狀態，這個社會就會比較安定；如果處於一種不對稱、不均衡的狀態，這個社會就容易出問題。現在我們搞市場經濟，市場的潛力以及企業、大資本的力量是屬於第一位的，所以它建立一個龐大的、沒有邊疆的公司帝國。這是很有意思的，就是資本不斷地鼓勵老百姓和政府鬥，它強調要小政府，要由老百姓監督政府，這樣在民力和權力之間構成了一個極大的制約和內鬥的時候，資本做大了。道理很簡單，在一些國家，老百姓和大眾可以攻擊、辱罵政府和政府領導人，但是對於一個公司的普通職員來說，你不能非議你的老闆，不然就會被炒魷魚。在整個國家處於權力解構化的同時，資本在它的公司帝國裡建立了一個集權，這是非常明顯的。在當今中國，資本的力量滲透到中國經濟的每一個細胞，資本的力量，特別是跨國資本壟斷的力量對中國民力、權力的影響是非常深入、廣泛的，你可以看到現在各個地方進入人大、政協的很多都是老闆，他們對地方政策的影響非常大。資本的力量是非常強大的，無孔不入，而且關鍵是它對中國的一些產業形成了主導甚至是壟斷的趨勢。

　　第三是講內部和外部的問題。馬克思主義哲學認為外因是變化的條件，內因是變化的根據，解決問題要抓住內因。這是非常有道理的，因為這符合矛盾分析法。現在全球化、金融化、資訊化慢慢成為系統問題。用矛盾來分析問題的時候，我們提綱挈領，抓主要矛盾和矛盾的主要方面就可以迎刃而解，但是系統化就不行了，它是一個系統的，缺了哪一個都不行，都會產生系統性風險，演化成系統性危機。美國這次的華爾街金融風暴，它是次貸危機。本來次貸在整個金融系統中的比例很小，但即使是這個很小的比例，它出現問題時就導致整個系統的崩潰，這就是系統論。但是在矛盾論當中，內因和外因

分析還是比較有效的。中國跟世界互動，我們原來是因變數，現在本身也成了引數，而且這個引數對世界的影響越來越大。所以現在內部和外部很難分得清，在建設當中我們就感覺到有一絲悲涼，甚至是一絲悲哀。我們的目標是要建設一個富強、民主的現代化國家，現在我們繁榮了，我們也富了，但是不是強了？不好說。我個人認為這個肌肉是很強壯了，塊頭也很大了，但是大腦發育還不行。真正的強不僅是肌肉的強健，還有智力的強大。不管怎麼樣，在現代化的征程上，我們在大踏步前進。我剛才講的悲涼和悲哀是什麼呢？對國家的認同感越來越低，而且我們的共識越來越少。我們在改革開放初期基本上是有共識的，但是現在共識越來越少了，對國家這個共同體的認同越來越少了。對內外部的影響因素的思考，我覺得要抓住這幾個方面，就是「一超二力三化四流」。「一超」就是美國的超級強權，這個沒有辦法，因為美國是一個霸權國家，它是世界任何一個國家的「鄰國」，不僅在政治、軍事方面給我們施加了極大的壓力，而且在經濟、意識形態和思想上的滲透更加厲害。「二力」是指兩個力量，當今世界要抓住這兩個力量，這兩個力量改變著世界力量的格局。一個就是以美國為首的西方國家，另一個是以金磚五國為代表的新興市場。這兩個力量非常有意思，代表著地球上當今國際政策兩大力量板塊，這兩個力量板塊不斷摩擦和碰撞，也就構成了當今的經濟、政治、社會的各種亂象。「三化」是指全球化、金融化和資訊化。「三化」深刻地影響著世界，影響著方方面面，影響著每一個微觀主體。「四流」是指人流、物流、資金流、資訊流。對於人流和物流，現行國際秩序有一整套的管理辦法。儘管這個美國主導的國際秩序有問題，但它還是有一整套辦法，有海關，有簽證，有一整套相關制度來

管理人流和物流。但是對於資金流和資訊流，我們現在一籌莫展。現在，資金流由華爾街主導，資訊流方面包括根伺服器這些都在美國，美國用自己的壟斷優勢來恐嚇世界。

第四是講實體和虛擬。大家都知道，創造財富的是實體經濟，是農業，是製造業，金融不創造財富，服務業也不創造財富。但隨著社會經濟的發展，特別是金融化的發展，這些泡沫化的東西越來越多，財富越來越向虛擬經濟部分流轉，實體經濟越來越萎縮，虛擬經濟越來越膨脹。在每天數萬億美元的國際交易當中，反映實體經濟的不到百分之一。華爾街已經證明了，金融資本主義是全人類的災難。資本循環跟血液循環一樣，它是供給養分的，但是資本的循環有良性的，也有惡性的。產業資本的循環跟金融資本的循環是不一樣的，產業資本的循環可以把優質要素組織起來以創造財富。金融資本的循環不一樣，金融資本的循環和我們人體的循環是相反的。人體血液循環是將氧氣、養分轉化成二氧化碳、廢物，這個和產業資本循環一樣。金融資本循環是反的，為什麼呢？你看當今的金融，美元是一文不值的，它可以隨意開動印鈔機印刷，原來的貨幣都有黃金來支撐，有實物來支撐，現在都沒了。中國是這個裡面的一環了，已經納入到了美元循環體系當中，所以我們看到我們的財富在不斷流失。我個人認為，問題的關鍵在於思想亂了，指導思想出問題了。所以你看我們的農產品，大豆現在完了，玉米也差不多了，主糧裡面也在大力推廣轉基因。這個轉基因技術不在我們手裡，在美國手裡，未來大規模種植，且不論這裡面隱藏著巨大的科學技術風險和生命健康風險，在經濟上就潛藏著巨大的風險，因為這個專利在別人手裡。當然還有疫苗，原來儘管我們科技不發達，但是疫苗我們自己能生產，我們能控制，而

現在很多疫苗是美國生產的，這個風險極其巨大，因為基因技術、病毒技術很容易被別有用心者轉化成生化武器。

最後總結一下，世界總有兩種力量：一種是趨勢性的力量，就是我們剛才講的全球化、金融化、資訊化，包括老齡化也是一種趨勢性力量；另一種就是週期性力量，像日、月、年、四季都是有週期的。將這兩個力量放在一起，我們就可以看到是螺旋式上升還是螺旋式下降。我個人認為中國處於螺旋式上升階段，而以美國為代表的西方是處於螺旋式下降階段，所以我們看到進步之箭和往復之環在新的世紀之交展現出它神奇的魅力。當我們認為中國的問題一堆接一堆，感覺要被壓垮的時候，事態不是這樣，因為放眼望去，整個世界比中國好的國家還真的不多。特別在大國當中，不如中國的國家多得是，最熱鬧的就是美國了，佔領華爾街，這是標誌性的事件。這些矛盾和問題現在在中國都出現了，中國的問題不比美國少，但是中國為什麼比美國幸運，比美國好？我個人認為中國正處於螺旋式上升階段，美國正處於螺旋式下降階段，所以冥冥之中有一隻手在保護著中國。

2011年於華中科技大學演講

董進誠根據錄音整理

大學生的幸福指數和幸福感

高淑娟　清華大學人文社會科學學院教授

　　如何讓大家覺得不虛此行，是站在這個位置上的我需要考慮的。今天講這個題目是想和自己的專業連繫起來。我在清華講的是財政經濟學，另外開了一門名叫幸福經濟學的課。哈佛大學不是有一門幸福課嗎？於是我借鑑他們的經驗，自不量力地開了一門清華幸福課。之所以這麼想，也是源於我的學生——在很多場合我跟他們講人情世故，講社會的接人待物等從微觀到宏觀的事情。作為一名老師，我想，既然在座的各位同學能夠考入這麼好的大學，那麼能不能拿到一個響噹噹的畢業證，能不能成為非常有成就的社會人？而這大部分取決於學習成績之外的東西。很多學生認為此話很有道理，建議我專門開一門課進行講解，這引發了我的興趣。像我這樣經歷的人專注研究某一方面確實很難出成就。大家看了我的簡歷，由於「文革」把大學招生取消了，我是下鄉當農民，又到工廠裡當工人，高中畢業四年之後趕上恢復高考。但是，當時想複習都沒有書。我下鄉的時候背的是自己的高中作業。勞動閒暇的時候看一會兒書，用一本很薄的《政治經濟學辭典》背裡面的基本概念：生產力、生產關係等等。我想萬一有一天能用得上呢。其實當時根本是沒有指望的，後來趕上了恢復高考，成了時代的幸運兒。其實我一直很想寫一部電視劇，就是關於我們一九七七級大學生的生活，從這一代人生活的任何一個點都可以折

射整個社會的變化。

在各種因素下，費了好大的勁兒終於開了幸福經濟學這門課，雖然有學生缺課導致有點失望，但是學生交上來的作業告訴我，很多學弟學妹對這門課非常感興趣。在看了哈佛大學的幸福課之後發現那個老師說第一次開課只有八個學生，而第一次開課的我卻有一五〇個學生，也是一種滿足吧。今天，我就想從幸福經濟學中找出一講來跟大家分享。

大學生處於社會錯綜複雜變革的過程中，是迷惘的一代，也是思索的一代，有時候難免會有一些矛盾和彷徨。那麼我們應該如何去面對呢？我在網上看了一下我們華中科技大學的校訓和清華的有些相似：「明德厚學，求是創新。」現在「求是創新」並不難，但是能不能「明德厚學」是考驗每個人的一個問題。如果做一個實驗，在目前的情況下大家能不能在一分鐘之內做一件利他的事情？大家想想這個利他的事情是什麼？比如：扇個扇子，讓個座位等都是。像諾貝爾經濟學家談到的「搜索」問題，當今社會眾多企業找不到想要的人才，我們這裡的許多人才卻找不到適合的崗位。這其中涉及資訊的不對稱問題。利他事情當中也有這方面的問題。如何發現和做利他的事情呢？有人說我實在不知道怎麼做，那你就對他人微笑。有一個作家就很有意思，出了幾本書，但想到主要關注的都是朋友圈裡的人，現在年紀大了不知道還能寫多少，於是，越想越傷心，最後一整天都很鬱悶。反之，還是這個作家，早晨起來，想一想自己確實沒什麼成就，但好歹寫了幾本書，儘管沒有世人皆知，但最起碼朋友都知道，管它能不能流芳百世呢。於是，越想越開心，最後竟開懷大笑。可見，用不同的心態去面對同一件事情就會有不同的結果，這大都取決於自己

的心態。

　　據報載，去年的一個本科生考研，筆試、面試均第一卻被大學拒錄，因為他兩年前幫人作弊。[1]眾所周知，現在高考中已使用各種高科技，學校對作弊的查處越來越嚴。而兩年前這名同學由於不好意思拒絕哥們兒的要求而幫別人去作弊，兩年後他為當初的行為付出了代價。還有湖北最年輕的市長，他在讀碩士的時候或許真的沒有想到論文寫完之後會出現抄襲的問題，會有人去檢索比對。時至今日，他每次提拔都有人去關注這個問題，「日後每一次的挪動或晉升，曾經的負面新聞會一直纏繞著他」[2]。接著看國外，不乏國家政要為其十年或二十年前的論文抄襲而丟了自己的官職。[3]那麼，我問同學們，你現在讀書的時候什麼最幸福？如果你想過今天就是你未來的一個鋪墊，就會明白自己努力得到的六十分和你抄襲得到的九十分哪個更值錢。有同學說我是清華大學第一個敢說六十分萬歲的老師——憑自己努力得到及格分就可以拿到一個響噹噹的畢業證。其實，真的每節課都認真去學，抓緊時間跟隨老師的思路，僅提高課堂效率，你想不及格也是很困難的。清華大學確實有人拿不到學位證書。我曾經參加過一個學校的會議，要求必須嚴肅學習紀律，培養誠實有信的人才。有一個學生家長去找我，我覺得很吃驚，原來他的兒子已經很多門課都不及格，學校馬上就要勸退。他不得已天天陪著他去教室，順帶聽了

1　《筆試面試均第1考生被大學拒錄　因2年前幫人作弊》，http：//news.sohu.com/20100827/n274502983.shtml。

2　《最年輕市長》，http：//tongkuai.blog.sohu.com/172702757.html.

3　2011年3月，由於論文造假，人氣頗高的德國國防部長古滕貝格宣布辭去國防部部長一職。

一下午的課。聽說該生當年學習成績非常好還是保送的，我對這位家長說：「你為什麼不培養孩子自立的能力呢？」當年完全是為了分數而學習，一旦進入大學，非常需要自主學習的時候，有些人失去外界壓力就不知道該幹什麼了。不少進了大學的人，都是好多門課不及格最後拿不到畢業證。大學生為什麼會沉迷於電腦以致荒廢了學業？不客氣地講，其中農村孩子偏多，這是因為城市孩子接觸電腦早，一些沉迷者在高考環節就被淘汰了。所以我說，有自製力的人才是最強的——我通過自己的努力考了七八十分我也很自信，這樣才是人永久幸福的基礎。

接下來再看近來比較轟動的酒駕案——陳家案，即長安街英菲尼迪車禍案。當時前方的車已經停下，但後車由於酒駕還是撞上去了。被撞的這對夫婦中，丈夫是清華畢業，妻子是北大畢業，帶著雙胞胎中的一個小孩去醫院看病，丈夫和小孩當場死亡，妻子現在已經做了十幾次手術。同樣的，還有因車禍殺人致死被行刑的藥家鑫。我們很難想像，現在的眾多大學生，在校期間或者大學畢業之後，還會發生多少類似的事件。現在很多同學憤世嫉俗，對「官二代」、「富二代」咬牙切齒，但試問：大學畢業生難道不是中產階級的骨幹嗎？中產階級現在確實存在上升空間被固化的問題，屬於非正常的現象，解決之道就寄希望於你們有所作為。十年二十年以後，在座的各位，走上從政或者創業之路，通過努力奮鬥走向成功，到時候你的女兒和你的兒子難道不就是「官二代」和「富二代」嗎？你敢保證他不會出類似問題嗎？

這些問題的出現有教育上的因素，也有制度上的因素，人們把很多簡單的問題複雜化了。正如由於員工的不遵守規則而導致蘇聯嚴重

的切爾諾貝利核電站慘案所告訴我們的，自制力是最重要的，我們不應該和規章制度過不去，總覺得制度阻礙了自己。在日常生活中，你可能會覺得大家在一起吃飯不喝酒沒什麼意思，大家會看不起自己。尤其走上工作崗位後，領導很賞識你，讓你喝酒難道不喝嗎？男性有酒量可以談業務，但酒風失當尤其是嗜酒，誰為你將來的下一步負責？不排除個別領導會給人以錯覺——當面許諾下次提拔，而屆時又會說：「因為這個人沒有自制力一定不能提拔。」所以，歸根結底還得自身素質過硬才行。當同學們作為看客和評論者，面對別人的案例時，要反思自己：在緊急的狀況下我能不能出於本能地避免類似的事情？什麼叫幸福？安全就是幸福。無論什麼時候，千萬要遵守規章制度。首先要善於吸取別人的經驗教訓；再就是錯了要勇於正視，要改正錯誤，而不能去掩飾它，致使錯上加錯。

網球名將李娜是華中科技大學的驕傲，半決賽、決賽大家都會很關注，這也是學校的光榮。但你們覺得她無時無刻都幸福嗎？從小到大都打網球，同一個動作要重複多少萬次，如果把它作為一種職業你不覺得很殘酷嗎？人最可貴的是有自己的主見。她追求心裡的感召，急流勇退到這裡來學習。我們都說「寫詩的功夫在詩外」，那李娜獲得冠軍功夫也應該在球外——或許很多運動員都是這樣的。運動的定義是什麼？可以說是對人體生理極限的一種破壞性實驗，當你從六七歲就開始為之而奮鬥的時候，熱情從何而來，如何保持？李娜經過一段時間的大學專業學習，精神充實，反而昇華了網球在其人生中的價值，這其中也包括和網球有關的各種人際關係的處理，她一定會比原來有更大的進步——這個球就成了她的「球」，而不是人生的「全

部」、人的「命」。[1]

在座的很多同學都特別想一步到位，理想是兩年提科長，四年提處長。但你想過沒有：上升得過快就會成為眾矢之的；如果能稍微慢一點就會減少很多問題；有的時候太過急功近利把自己立於聚光燈之下，在這樣一種情況下，你的一言一行甚至可能會影響到全國人民的情緒。比如現在的李娜，拿了法網冠軍，覺得自己達到了階段性的目標，已經功成名就，想要去讀博士。而這時由於她寄託了太多人的期望，難免會使許多國人覺得失望。在這種有點波折大家都會替她惋惜的情況下，你說她幸福嗎？她當年退出體育場回到學校，國人怎麼會想到退一步竟然進了兩步，那學習階段能算作她的轉捩點嗎？顯然不是。事後證明，這是她幸福生活中的一個組成部分。可見，許多事情的判斷因時而異、因地而異，真的是仁者見仁、智者見智。

我在上課的時候給學生講過兩則社會評價。一是老愚《讀書就是為了做「人上人」嗎？》的文章，因為它明確地點出了北大、清華和北師大引起了關注。他看學生求職面試的簡歷時心花怒放，看學生的實習評價個個都是人中翹楚、飽學多識。然而，「面試完，我不由自主地崩潰了。無知識、無立場、無求真之誠意，只剩下一本教育部發給的紅彤彤的文憑。該學的都沒學會，卻全然喪失了應有的純真。無知識譜系，無正當價值觀」[2]。北師大之所以榜上有名是因為董藩教授曾對自己的學生說過一句令人震驚的話：「當你四十歲時，沒有四千萬身家不要來見我，也別說是我學生。」二是北大附中國際部主

1　《李娜姜山夫妻同畢業獲華中科大學士學位》，http：//sports.qq.com/a/20090715/000197_4.htm。
2　老愚：《讀書就是為了做「人上人」嗎？》，《中國經濟時報》2011年4月15日第5版。

任江學勤說，他在去年寫給《華爾街日報》的評論文章中說：「無論外國企業還是中國企業，都對中國大學畢業生有同樣的不滿：他們不能獨立工作，缺少團隊合作所需的社會技巧，而且不肯虛心學習新技能。」[1]

　　我曾在幾個場合問過：「什麼叫經濟學？」個別學生就會卡殼，不能說出完整的定義。那麼，在面試的時候問起你的專業時該作何答呢？同理，你學醫學，那麼當前國家的醫學行業現狀是怎樣的？你能否用一兩句話簡單地概括出來？在回答別人問題的時候想過要符合邏輯嗎？你是否知道在回答時應該給自己留有餘地，也該給別人留一個問話的契機？如果恰巧問到你的專業軟肋，這是否說明你的知識駕馭能力有限和在知識體系掌握上不夠完備？

　　前面說到的北大附中國際部主任的分析，我們很多同學對此肯定不太滿意，估計沒有人會承認自己不能獨立工作或者不能和別人合作。但事實上，能否在工作中獨當一面，能否和別人和睦相處，有時候不是你想不想做，而是你不知道該如何去做。正如我之前所說的利他，可能有人要問：「什麼叫利他呢？」「在什麼情況下我可以行善？」假如當下就要求做一件利他的事情，我以為，舉手之勞為他人創造方便就是利他，也許很多同學不會做這樣的事情。我們大學所教的是抽象的基本理論，教育效果則過多取決於學生的悟性，很少教類似操作層面的東西。再比如中央電視臺做的一檔非常養眼的、受大家歡迎的「環球小姐」節目，但是在觀看比賽的過程中，並沒有告訴你進入這一行的標準，觀眾看到的只是結果的宣布，並不知曉勝出者如

1　《英報報導中國年輕富豪青睞海外教育》，《參考消息》2011年5月18日第15版。

何勝出的，淘汰者為何被淘汰。我也曾看過中央電視臺轉播的一個名為《未來超模》的美國節目，每一關的挑選，都讓人知曉緣由。它會告訴你，優勝者雖實力沒發揮出來但因基本素質很好而獲得晉級，而失敗者因無法與人友好相處並理解包容他人而遭到淘汰。同學們看這個具有一定教育意義的節目，就會知道：你不僅要有天資，更要與他人合作，才能把可能的成功變成必然的成功。

首先，談談什麼叫幸福。在座的同學，覺得此時此刻很幸福的請舉手；覺得比較幸福的請舉手。那麼請問：第二批舉手的同學比起第一批同學真的沒有那麼幸福嗎？事實上真的不見得。所以，幸福是什麼，它是一個比較主觀的概念。一句話概括，「幸福是心理的欲望得到滿足時的狀態」。人有欲望是好事，否則便不能稱其為正常人，或者是個不食人間煙火的聖人。至於幸福程度，它是一種滿足度，比如今天來聽講座，或許有同學因為所講內容與自己心中所想不一樣，有點乘興而來敗興而歸；而有些同學原本的期望很低，只是關注了其中某幾句話覺得非常有道理，就覺得今天不虛此行且很幸福。可見，幸福是相對的。不敢說我給大家創造了多少幸福，但希望借助這次講座使同學們對幸福有新的理解，能夠有一份豁達，於我足矣。

在人生的進程中，我們都希望一步到位，都期望兩點之間走直線，距離最短，但其實在這個過程中繞了彎路也不要緊，因為你會看到更多的風景。所以，幸福就是你對現在的生活狀態感到滿足、快樂並且可以長期保持心情愉悅的一種狀態。也就是說，人們對現在的生活感到滿足的狀態，就是開心、舒心，對未來有信心。

接下來，我們講幸福的多學科性。

其一，心理學上的幸福。幸福是一種心理體驗，它既是對生活的

客觀條件和所處狀態的一種事實判斷，又是對於生活的主觀意義和滿足程度的一種價值判斷。與「不幸」相對立，「幸福」表現為在生活滿意度基礎上產生的一種積極心理體驗。

在哈佛心理學上，幸福是一種積極心理學，即一種積極樂觀的心態。在「文革」中，片面地拔高人的理性。我們那一代人確實非常純粹，「狠鬥私心一閃念」，大公無私。但等到改革開放，將「文革」的這一頁翻過去時，這一批人感到了彷徨和迷茫。所以，佛洛德心理學有一陣子大行其道，開始認可感性存在的合理性，並有點物極必反式的格外重視。壓抑個性、片面強調理性固然不對，但把什麼都歸於感性也有失偏頗。

幸福確實是一種心理體驗，從主觀上來說，是對你的生活客觀條件的一種事實的判斷，究竟是好還是不好；好的話就高興，這就是幸福；還有一種就是對自己生活的一種主觀和滿足程度的價值判斷。在一定的客觀因素下，你怎麼樣去取捨，有的時候客觀環境是沒辦法改變的，或者是需要一段時間去改變，那麼你就要調整自己的主觀心態，在力所能及的條件下達到主客觀的最優。所以，幸福是一種事實判斷，也是一種價值判斷。

當然，幸福有時候也很奇怪。我們講幸福經濟學是說怎樣讓民眾幸福，讓個人幸福，去創造財富，國家增加GDP。但「不幸福」有沒有經濟學呢？不幸福創造的財富也不少。比如日本經濟雖然長期不景氣，但大地震需要災後治理與重建，也創造了就業。同樣，現在的很多爛尾樓或未完工就塌了的建築，客觀上它也創造了GDP——必須實施拆遷搬運和招商進行清理等工作。所以單純從經濟上來分析幸福不幸福，是可以進行價值度量的。

作為理性人來講，應該是趨利避害的，也就是追求心理學上的幸福。不知道在座的有沒有學過心理學方面的知識。我曾看過《北京青年報》上一篇文章說，現在有心理疾病的人實在太多。我認為，其中一個原因可能就是生活富裕導致的時代病。在二十世紀六七十年代，大家窮得叮噹響，沒太聽說誰有心理疾病問題，因為大家都顧不上。下鄉的時候天天吃玉米麵，上大學的時候還有百分之六十的粗糧，能吃上一個饅頭、一塊肉，一整天都會很滿足。在那樣的生活條件中，人們的生活欲望很少，能有一點點滿足，幸福感就很高。從這一點上來看，生活的富裕反而使心理疾病變多了。但是那篇文章說，心理諮詢成了一個很重要的行業，心理諮詢師的自殺率是比較高的。其原因大概和電腦中的垃圾桶差不多，人們把所有的煩惱都倒給了他。人有一種宣洩的本能，你宣洩給了別人，你是舒服了，但是接受的這個人怎麼辦呢？他需要繼續往下傳，可是醫生受職業道德約束，很難將這種情緒傳遞出去。[1]雖然有些人會把生活和工作分得很清楚，但往往很難。比如，碰到了一個特別痛苦和艱難的人，我們的心情也會跟著難過很長時間。所以災害過後的心理干預是很重要的，接受了別人的宣洩後該如何化解？這也就是心理學比較重要但又比較難的原因。

其二，社會學意義上的幸福。

社會學家是社會的醫生，同樣的一個事情，社會學多是從公平正

---

[1] 心理諮詢師的職業從某種角度來說就是個垃圾桶，收容別人不需要的陰暗垃圾，接觸很多消極的東西。如果個人的氣質性格不是非常合適，很容易在心裡積累消極資訊，也就很容易產生心理疾病。另外，心理諮詢師熟悉很多心理治療的理論和方法，一旦自己的心理狀態出現問題，常用的治療方法對他們的效果不佳，自殺率高便很正常了。參見https://www.douban.com/group/topic/1192449/。

義的角度來分析，闡述對社會來說還存在什麼問題。所以社會學上的幸福視角是關注群體感受，對精神層面的追求色彩比較重。北大社會學的一名教授就認為幸福指數高不等於幸福，因為幸福感其實就相當於老百姓的鞋子，是否合適只有自己知道。他認為：幸福感之于普通百姓是「鞋子」，吃得好、過得舒心才是真合腳；而對於某些官員而言，可能幸福感的評選更像「外套」，利用這張漂亮的都市名片，有可能會讓其加官晉爵。最終的結果無非是上馬眾多面子工程，讓真正為老百姓服務的便民措施無疾而終。歸根結底，幸福是什麼，還得普通老百姓說了算。[1]

官員亦有官員的幸福，在這裡我不是為他們辯護。同學們沒有當官，所以對官員嗤之以鼻，但是一旦你坐到了一個領導的位置，很多重要的事項都是一票否決的，職責所在又當如何？現在我們都講幸福指數和幸福感，這會不會是一個城市名片呢？社會治理需要一個系統工程。社會學就要從全社會的角度來考慮，國家才能有發展後勁。很多社會學問題和經濟學密切相關，因為老百姓是否幸福，與其口袋中的貨幣量密切相關，與能不能掏出錢來、能不能買東西、能不能買房子、孩子能不能上好的學校等物質需求的滿足度有關。

其三，從哲學的角度講幸福。

這回歸到我的本科專業上。我現在教的是經濟學，本科學哲學。「文革」過後剛恢復高考的時候，哲學是顯學，填報志願時我只報了一所大學 —— 河北大學，專業報了三個：中文、經濟和哲學。

---

1 夏學鑾：《幸福指數高不等於就幸福！》，http：//www.china.com.cn/health/txt/2009-02/04/content_17223144.htm。

一九七七年的高考生於一九七八年冬季入學，一九七八年十二月分才召開黨的十一屆三中全會。尤其在「文革」時候，哲學紅透了半邊天。後來撥亂反正，黨的工作重心從階級鬥爭轉到經濟建設上來，建設四個現代化，國民經濟發展起來之後，經濟學科也發展壯大起來。哲學的地位真可以說一落千丈，從天上掉到了地下。客觀上講，哲學是一個非常傳統的學科，從兩千多年前的中國到古希臘、古羅馬，有著悠久的學術歷史。我們現在很多大學開設了一些很奇怪的專業方向，不知道是為了吸引學生還是什麼別的考慮。那它有生命力嗎？能不能延續十年百年千年，經受歷史的檢驗，要看其是不是真有一個深刻而完整的學術體系。很多同學會問，既然如此，你為什麼轉行學了經濟學？我哲學畢業後去教中國哲學史，評上副教授後想去學個博士，由於招生條件的限制，如外語要求、專業要求等，最後陰差陽錯就去學了經濟史。實際上，哲學功底作為方法論對我幫助極大。

西方哲學講的幸福是什麼？包括內心安寧、和平寧靜、道德自律等。我想給大家介紹幾位學者，比如說柏拉圖，在他看來，「與認識真理和獻身真理的快樂相比，一切其他的快樂都不是真快樂」。亞里斯多德認為幸福是終極的和自足的，它是一切行為的目的。「人的善就是靈魂合乎德性的現實活動，而且一生都要合乎德性」。叔本華認為：「只有哲學家的婚姻才可能幸福，而真正的哲學家是不需要結婚的。」他認為人的本質就是痛苦。尼采則認為：「幸福就是因為在痛苦的路上行走時，用自己的靈魂，創造了讓自己愉悅的事。」還有笛卡兒的「我思故我在」，等等，都有關於幸福和快樂的認識。在學西方哲學史的時候有一個學派叫犬儒學派，即主張「像犬一樣」地生活下去。在他們看來，真正的幸福並不是建立在稍縱即逝的外部環境的

優勢上。每人都可以獲得幸福，而且一旦擁有，就絕對不會再失去。人無須擔心自己的健康，也不必擔心別人的痛苦。人們對得到的東西最怕丟，總是害怕它失去而戰戰兢兢。怎麼樣才不怕丟呢？沒有得到也就不會丟了，是不是這樣？而像犬一樣去生活，這是犬儒學派所需要的抽象的價值，類似於苦行僧得到了他要的滿足。

中國哲學講的幸福是什麼？一個是物質層面的，就像孟子所說「有恆產者有恒心」，亦即「民之為道也，有恆產者有恒心，無恆產者無恒心。苟無恒心，放辟邪侈，無不為已。及陷乎罪，然後從而刑之，是罔民也。焉有仁人在位，罔民而可為也？是故賢君必恭儉禮下，取於民有制。陽虎曰：『為富不仁矣，為仁不富矣。』」[1]類似於我們今天成家置業。還有一個是精神層面的，「大學之道，在明明德，在親民，在止於至善」。[2]在這裡我想跟大家講「八條目」。現在是一個比較浮躁的社會，我們把這些關係都簡單化了，大家都想治國平天下。《大學》云：「物格而後知至，知至而後意誠，意誠而後心正，心正而後身修，身修而後家齊，家齊而後國治，國治而後天下平。」現在多少人「後院著火」，還怎麼去治理國家治天下？因此，高的境界要以前一個為基礎，即「古之欲明明德於天下者，先治其國。欲治其國者，先齊其家。欲齊其家者，先修其身。欲修其身者，先正其心。欲正其心者，先誠其意。欲誠其意者，先致其知。致知在格物。」格物才可以知至，知至才可以意誠，意誠才可以心正，心正才可以身修，身修才可以家齊，家齊而後國治，國治而後天下平。從

1　《孟子・滕文公上》。

2　《大學》。

古人總結的治世之道中能夠知道我們現在該當何為。

　　哲學是一個辯證法，幸福是欲望得到滿足的狀態，而欲望是有好有壞的。幸福是一個動態的，哲學講事物和矛盾是抽象的，各自保持各自的獨立性。比如說父子關係，不少同學只想讓家長支持自己，有的父母就強調兒女一定要孝順。中國傳統文化告訴我們，要想兒女孝順，前提是父母慈愛有加。兒女想讓父母對自己關愛，則必須孝順在先。其中一個非常重要的點就是互為條件、相互依賴。包括現代人求職，有多少人在找到了一個工作後認為這個職業就是自己的終身職業？估計好多人不是這麼想的。社會流行先找一個工作適應著，先就業再擇業再創業。這樣一來，就把工作當成了一個過渡點。但是，有朝一日自己成為老闆，所有到你這來的人也都這麼想，該做何感想？受到父母或者家鄉父老的影響，大學生在走出校園之前充滿了幻想。通過在社會上不斷闖蕩，走一步有一片天地。有的在校生把當下某一目標看得過重，如學習成績、戀愛、找工作等，實際上這個時期設定的目標是有局限性的。有的時候需要有一個隨遇而安的心態去不斷地調整自己。這就講到人和人之間的關係該如何處理。感情問題是比較困擾人的。當感情出現了問題，你想到更多的是自己的問題還是別人的問題？比如戀愛，關鍵的是互相調適、互相體諒，也有人總是在不斷挑剔，最後反而被剩下了。經濟學的一個著名的定論叫劣幣驅逐良幣，為什麼總是劣幣能夠流通？大家都覺得這兩個人特別般配，彼此也這樣覺得，憑什麼要我先示好啊！兩個人都矜持之際出現了第三位競爭者。第三位自知資質條件不足因而非常努力、非常執著，就像電影《101次求婚》所演的，最終他的真誠和執著使他獲得了成功。現在的學生很多的煩惱是來自所處的年齡段，希望自己像成人一樣去表

現。但別忘了，這時的眼界、應變能力和生理能力並不是完全對等的，糾結過甚無法自拔者也有自殺的。這個問題實在太敏感了。大家都覺得很奇怪，明明當天還好好的，為什麼突然出現了問題？我想告訴大家，你所遇見的問題未必真的很大而不能跨過去，當你走出個人局限左右觀察，會發現同一年齡段的人或多或少都會遇到這類問題。隨著年齡的增長，這些問題都會得到解決，只是時間早晚而已。所以用哲學思維看問題非常重要。

其四，回到經濟學來講幸福的選擇。

經濟學的基本模型是成本和收益，收益大於成本的投資就是划得來的。為什麼這麼多事情你做這一件而不做另外一件，這是一個有關選擇的問題，還要考慮選擇的途徑和選擇的方法。選擇幸福的經濟學是什麼呢？

首先要明白幸福是什麼，途徑如何選擇。就像今天你可以去圖書館，也可以來聽講座，要看哪一個能帶給你更多的滿足感。考慮其中的成本和收益問題，很多時候也講機會成本——做這件事情的成本就是放棄了同時做另外一件事情的收益。就像談戀愛，舉棋不定，有好幾個合適的人選，你認定了其中的一個就不得不放棄其他可能的選擇。現在很多人談戀愛都在找那個抽象的人，就是說那些張三的個頭、王五的學識等的綜合體，但人都是具體的，怎麼能兼顧到所有的點呢？上帝是公平的，他不會把所有的優點集聚在一個人身上，如果有，這個人一定不是凡人。想到我們都是凡人，心裡就會平衡一些。當自身很平凡的時候，找一個全面優秀的戀愛對象或者配偶似乎也是不太切實際的。當你考慮到人的生活都是具體的，就會心裡比較坦然。所以說經濟學是關於選擇的學問，常說企業家有偏好，但其背後

有一種理性選擇存在。剛才講到個人問題，研究國家發展和民族昌盛也有一個如何選擇幸福的經濟學問題。

分析幸福經濟學的方法有兩種：定性分析和定量分析。定性研究就是分析幸福和不幸福。幸福無處不在，就看你能不能體會得到。那麼，幸福如何量化，這是和哲學不一樣的地方。哲學說世界是物質的，物質是抽象的。說到幸福的量化，就要說說幸福的大和小、幸福的多和少——可以度量是經濟學的特性。

從微觀上說，幸福反映出的是社會成員的生活品質。有一個詞叫效用，幸福就是效用和欲望之間的比值。效用是指消費者在消費商品時所感受到的滿足程度。可見效用概念與人的欲望是連繫在一起的，它是消費者對商品滿足自己欲望的能力的一種主觀心理評價。改革開放之後就不像計劃經濟時只講總產量，投資還要講邊際效用。邊際效用是指消費者在一定時間內增加一單位商品的消費所得到的效用量的增量（增加的滿足程度）。舉個例子，假設你饑餓至極，買的第一個饅頭十塊錢，吃的非常滿足，覺得十塊錢是值得；吃第二個的時候，你覺得好像不如前一個香了，這個產品的效用就打了折扣，相比於第一個效用就減少了；如果有人要求你吃飽之後必須繼續買、繼續吃，就會越吃越覺得噁心，產生的就是負效用了。我們用這個來分析幸福感的問題，沒有達到飽和的時候，幸福感是不斷在增加，但增量會越來越小，當到了一定階段你再不斷增加，它的效用就會遞減。這就是邊際效用遞減規律：在一定條件下，隨著消費者對某種商品消費量的增加，他從該商品連續增加的每一消費單位中所得到的效用增量（邊際效用）是遞減的。當財富積累到一定量的時候，邊際效用也是遞減的。

幸福感是一個非常有意思的問題。美國南加州大學教授伊斯特林有一個悖論，他在一九七四年的著作《經濟增長可以在多大程度上提高人們的快樂》中提出，「收入增加並不一定導致快樂增加」。第一，國家之間的比較研究以及長期的動態研究表明，人均收入的高低同平均快樂水準之間沒有明顯的關係。第二，在收入達到某一點以前，快樂隨收入增長而增長，但超過那一點後，這種關係卻並不明顯。第三，在任何一個國家內部，人們的平均收入和平均快樂之間也沒有明顯的關係，包括文化特徵在內的許多其他因素會影響快樂。通常在一個國家內，富人報告的平均幸福和快樂水準高於窮人，但如果進行跨國比較，窮國的幸福水準與富國幾乎一樣高。在收入達到某一點，快樂隨收入的增長而增長，但超過那個點之後這種關係就不明顯了。比如說同學們現在幾個人一起出去撮一頓，每人幾塊錢吃一碗面覺得很快樂；等到以後掙錢了，恩格爾係數大部分在吃飯上，漲幾百塊錢你會覺得很高興；當年薪達到二十萬元、三十萬元，漲幾百塊錢就沒有感覺了；等到以後買了房子成家立業，貨幣財富帶給你的幸福感可能就越來越小。這就是為什麼財富越來越多，人們卻越來越不滿足，社會矛盾也越來越多的緣由。現在很多社會矛盾不單是財富的多和少，而是窮人和富人之間財富的分配不均，導致一些人內心不平衡。

從宏觀上來說，對幸福的度量越來越關注於人類自身生存和發展狀況的感受和體驗，即用「人類發展指數」（HDI）作為人們的幸福感的標準，成為衡量人的幸福快樂感的具體程度的一種主觀指標數值。一九九〇年開始，聯合國引進「超GDP發展觀」，採納人民壽命預期、教育、識字率及人均GDP等，計算人類發展指數，反映人類生活品質。二〇〇九年的指數表，中國排第九十二名，這個排名是相

當低的，超級大國美國也才排第十三名，排名第一的是挪威。

另一個衡量標準是「國民幸福指數」（GNH）。「幸福指數」的概念起源於在三十多年前，最早是由不丹國王提出並付諸實踐的。「二〇〇九年，不丹人均國民收入僅一千四百美元，日本是三萬一千五佰美元，日本比不丹高出二十一點五倍，但日本人的幸福指數在全世界排第八十八位，而不丹名列第八，高居亞洲第一。」[1]

深圳市社科院在做「和諧深圳」社會調查考評時，分三類指標測量居民的幸福感。

A類指標：涉及認知範疇的生活滿意程度。包括生存狀況滿意度（如就業、收入、社會保障等），生活品質滿意度（如居住狀況、醫療狀況、教育狀況等）。

B類指標：涉及情感範疇的心態和情緒愉悅程度，包括精神緊張程度、心態等。

C類指標：人際以及個體與社會的和諧。

現在人們認為幸福感應該納入政績的考量範圍，所以這兩年，到處都在講幸福感和幸福指數。在中國大城市日益受到城市規模急劇膨脹、環境污染、交通擁堵以及高房價等困擾下，中小城市的發展越來越受到廣泛關注。為避免重蹈某些大城市的覆轍，迫切需要一套完善的評價體系，以引導地方領導樹立科學的政績觀。二〇一〇年九月，在由中國城市經濟學會中小城市經濟發展委員會承辦的研討會上，有專家建議，應該將幸福指數納入中小城市發展評價指標體系。中國中小城市發展評價指標體系研究報告即將公布，而報告首次寫入「人民

1　《世界知識》2010年9月。

群眾是否得到實惠，人民群眾是否滿意」，以此作為評價地方政府政績的標準之一。[1]

現在中國經濟總量位居世界第二，社會矛盾也多了起來，這是一個悖論。幸福指數有什麼意義呢？一是可以監控社會運行態勢，二是能夠了解民眾的生活滿意度。尤其是我國向更加富裕的社會發展的時候，要知道民眾正在關心什麼。「過去三十年我們追求的是財富的最大化，以物質發展為本位，效率第一、掙錢第一，帶來的問題是人和資源矛盾的激化，人與自然環境、生態環境的關係惡化，人與人之間關係的惡化，從而發生了貧富差距拉大、腐敗等一系列嚴重的社會問題。」[2]幸福指數作為重要的非經濟因素，是社會運行狀況和民眾生活狀態的「晴雨錶」，也是社會發展和民心向背的「風向標」。

下面講的是幸福概念具有多樣性。

其一，主觀性與客觀性。我特別想講，幸福確實有主觀性和客觀性。客觀性是事物本身所具有的不以人的意志為轉移的必然性。比如說人生而平等，實際上卻是不平等的，所以說這只是一個追求，希望人們不要有先天的歧視。幸福確實是主觀和客觀的結合。影響幸福的客觀因素很多，時間性、空間性、物質基礎、社會性等，是要正確去對待。例如，「選擇」的出發點與結果的辯證法：「挾太山以超北海，語人曰『我不能』，是誠不能也。為長者折枝，語人曰『我不能』，是不為也，非不能也。故王之不王，非挾太山以超北海之類也；王之

1　《「幸福感指數」應納入中小城市評價》，《中國經濟時報》2010年9月13日第1版。

2　胡廷鴻：《深圳的成長煩惱：要GDP城市還是幸福城市？》，2010年8月25日http：//business.sohu.com/20100825/n274448174.shtml。

不王，是折枝之類也。」[1]在座的同學，你們這一代是中國富裕後成長起來的一代，客觀的經濟基礎決定你們的眼界比較開闊，你們應該高於父輩。十年浩劫使得全民赤貧，而駕馭財富的能力需要培養，我們的祖輩和父輩在改革開放創造財富的道路上拼搏了幾十年，所以也不能看輕。但你們有了更廣闊的眼界和思路，一旦成為國家的棟樑之材，關注點應該會更全面。人類社會就是一個自然演進過程，一代一代向前發展。當你了解到這點，就不會為社會發展到一個關鍵點存在諸多矛盾而心生鬱悶，十年前、二十年前沒有社會矛盾嗎？社會就是在這樣的變化和不斷的調適中向前發展的。

其二，抽象性與具體性。抽象性的幸福，如理想、價值觀、精神上的滿足，再如社會的幸福可以視之為最大多數人的幸福的總和。而個人欲望的滿足就是一般意義上說的幸福。幸福的具體性則在於人的需求是多元的、具體的，因人而異又因時而異，有著太多的表現形式。

現在很多人太現實了，屢屢為眼前點滴小利所困，感到非常痛苦和不幸。所以既要務實也要放開自己的眼界，「形而上者謂之道，形而下者為之器」，等眼界開闊，很多問題就好解決了。什麼是幸福？這是一個哲學問題，它既複雜又單純，有人甚至說「幸福來自簡單」，幸福就是當下。當年知青下鄉的時候痛苦到什麼程度？如今這一代人最值得回味的就是那個時期。

其三，絕對性和相對性。絕對性是指事物的普遍性、共性和無條件性。任何人、任何環境中都可以獲得自我滿足，但重要的是社會準

1　《孟子・梁惠王上》。

則。至於相對性，則是指事物的特殊性、個性，亦即條件性。現舉例如下。

因人而異：不同的金錢觀、財富觀、痛苦觀。

因時而異：階段性、變化性，如「三十而立」到「七十而從心所欲，不逾矩」。

因地而異：「逃離北、上、廣」與「重返北、上、廣」。

同因異果：人們對同一事件的感覺截然不同，有人幸福，有人不幸福，幸福感差異也很大。

同果異因：同一結果，卻可能存在著起點差異、途徑差異，殊途同歸，都獲得了幸福感。

幸福是絕對和相對的辯證法，只要滿足了欲望就是幸福。幸福作為一種心理感受是相對的，有條件的。就像成功，結局也可能因人而異。比如有新聞報導，中國先後有九位億萬富翁自殺。在告別這個世界的最後一刻，這些曾經聲名顯赫的商界精英想了些什麼？他們曾經創造的人生價值和社會財富令人豔羨，卻因為一些至今不為外界所知的原因，採取了「自殺」這種極端的方式來結束自己的人生。[1]很多事情需要循序漸進。不同的年齡段會有不同的想法，千萬不要把當下一個成長過程中的問題，誇大到不可逾越，最後選擇自殺。實在想不通，可以去看心理醫生，通過傾訴，清空心理負擔。心理醫生開導你的那些話其實你是明白的，需要的是一位傾聽者。另外，同學、朋友之間要有一個度，否則會有一些後顧之憂。網上有個新聞說一個同學

1　《國內九大富豪相繼自殺身亡多無明確原因》，大眾網，http：//news.sohu.com/20110607/n309456102.shtml。

殺了他的室友，就是因為他把自己非常隱私的話題給說了，見朋友和其女友打電話時嘻嘻哈哈，遂擔心有一天會被洩露出去，驚恐之下就把他殺了。

有的同學為了學業很痛苦，想想將來工作之後很多問題都比現在重要，比如說結婚、買房、事業、仕途等等。盡力而為的同時不要過於給自己施加壓力，很多事情到了一個關鍵點自然就會解決。將來結婚生子，孩子健康就是你最大的幸福，而教育孩子也是有規律的。很多事情是有規律的，條件到了問題都會迎刃而解。什麼是真理，真理就是它的條件性，沒有相應的時間、地點就沒有真理。就像馬雲所講的：超前一步是先進，超前兩步就是先烈。超前太多，沒有能夠成功的客觀基礎就很難如願。很多企業招人是掐兩頭要中間的——成績太好的怕留不住，成績太差怕沒能力，認為成績中等者各方面比較全面且可用。

其四，多樣性和層次性。馬斯洛於一九四三年發表了《人類動機的理論》，在書中提出了著名的「需要層次論」。一般來說，一個國家多數人的需要層次結構，同其經濟發展水準、科技發展水準、文化和人民受教育的程度直接相關。馬斯洛的需求層次是大家都知道的，它是一個遞進的過程，最基礎的是生理需要、生存需要，繼而是安全需要、社會需要，最高層次是尊重和自我實現的需要。幸福需要物質保證，滿足欲望需要一定的客觀條件。如管仲所言：「國多財則遠者來，地辟舉則民留處，倉廩實則知禮節，衣食足則知榮辱。」當然，精神追求也不可或缺，如孔子那樣：「知其不可而為之」，「朝聞道夕死可矣」。更重要的是，精神性與物質性二者可以相輔相成，「憂勤是美德，太苦則無以適性怡情；淡泊是高風，太枯則無以濟人利

物」。[1]

其五，偶然性與必然性。必然性存在於偶然性之中，偶然性是必然性的表現形式和補充。只要把心態擺好，通過持之以恆的努力，最後一定會收穫幸福，儘管表現形式各異。例如賭博，輸了很傷心，難道贏了就全是得意嗎？有電視臺介紹過賭王馬洪剛，他自小就有做老千的天分，因設賭局被多少人追殺。據他揭示，這些賭局先讓你小贏幾把，然後再大賭一局置人於死地。還有一些中國人在境外賭博，有的被軟禁起來，被逼向國內打電話要求親人匯款，簡直是生不如死。所以千萬不要碰賭博這一類的東西，不管贏還是輸，結局都會很痛苦，這是必然的。

幸福既然有這麼多的特性，說穿了幸福是什麼？是一種純主觀的感受，「如人飲水，冷暖自知」。而且，幸福與痛苦都是一種經歷，我們說幸福的邊際效用是遞減的，痛苦的邊際效用也有遞減的傾向。隨著慢慢長大，我們對痛苦的忍耐度也會逐漸增加。

可以得出如下結論。

第一，幸福的獲得在於「感恩」——這是一種利己的屬性。我們要學會感恩，幸福的源泉就是利己時要知道感恩，並且把它表達出來。正如《牛津字典》所解，感恩就是「樂於把得到好處的感激呈現出來並回饋他人」。我個人認為，幸福感源於感恩，因為感恩才能發現別人對你的好；感恩會令你周遭充盈著幸福。可以說，感恩是一種處世哲學，是生活中的大智慧。

第二，幸福的本質是快樂——這是一種利他的屬性。「獨樂樂，

1　《菜根譚》。

與人樂樂，孰樂」？「與民同樂也」。[1]要學會感恩和換位思考，利他的行為有兩類：一是量力而為的「主動利他」，予人玫瑰，已留餘香；二是「被動利他」，受人玫瑰，他有餘香。也就是說，關愛他人，不圖回報才會心生愉悅；而接受幫助，他人快樂我亦幸福。所以，付出需要的是能力，接受需要的是勇氣！當無能力回報社會的時候，照顧好自己，照顧好家人，就是對社會的責任。

真正的幸福不是一種純理性的東西，它是一種智慧。有時候學歷高者不見得比農村老大媽更幸福。大家有興趣可以讀讀倪萍寫的《我的老師是姥姥》，了解一下大字不識一個的老人家如何活到九十多歲。當一件非常好的東西送給別人時，姥姥說：如果你把嘴裡正在吃的饅頭省下來給別人，這叫幫助他人；你家有一堆的饅頭吃不了給別人，那叫別人幫你。這就是這位老人的生活智慧，這種處世態度何其豁達！所以大家要豁達。有一次請一位世界五百強企業的老總做講座，我出了三個題目：面對金融危機，你們怎麼看；作為世界五百強，你們在中國怎麼做企業？你們企業最願意要什麼樣的大學生。我就是想讓學生聽一下用人單位的意見，老師的嘮叨如真理說多了也就會失去它的珍貴性。這位企業老總直接告訴大家：我們企業需要的是陽光的、樂觀向上的、充滿進取精神的學生──因為能力是可以改變的，而人的性格很難調教。同學們將來走向社會，你是一個怎樣的人，如何把自己推銷出去，讓面試單位第一眼就想聘用你──這個時候就要用你的性格、強烈的求知欲和樂觀精神來應對。現在社會人際關係有些扭曲，不少人言行不一。想起中國傳統文化中的兩句名言

1　《孟子‧梁惠王下》。

「己欲立而立人，己欲達而達人」和「己所不欲，勿施於人」，大家可以試試做一件利他的事情，這會讓你感到高興和幸福，而這種樂觀向上的性格彌足珍貴。

今天我們講了什麼是幸福，從定義開始講起，談到它的多元性等諸多的特性，歸根結底它還是一種主觀的心理感覺。古人雲：「崇德莫盛乎安身，安身莫大乎有政，有政莫重乎無私，無私莫深乎寡欲。」連性命都沒有了何談愛國愛家，存身就是最大的德，而存身就是要正，正才能壓邪，才能問心無愧，不會有人抓你的小辮子。所以有志向的人應該從現在的小事做起，還要無私，減少自己的欲望，欲望越少幸福感越強。欲望不是錙銖必較，大度者才有大業。當沒有能力改變整個社會的時候，可以先從自身做起，而後「達則兼濟天下」。

說到底，幸福是一種滿足，保持平和的心態才能免生很多的焦慮。由於不自信而產生的比較，越比較越不痛快。所以幸福也是一種境界，可以有些愛好和追求使自己有所寄託；幸福也是一種選擇，既要利己，也要利他；幸福也是一種追求，一世的追求好過一時的追求，眼界的開放使得很多事情豁然開朗；幸福也是一種自信和能力，習慣才能成自然。最後回到結論上，感恩得到幸福，付出創造快樂，自信和豁達才能自在和幸福。希望今天的講座能夠對同學們有所啟發，謝謝大家！

2011年於華中科技大學演講

馬瑩根據錄音整理

為生命找道理

林火旺　臺灣大學哲學系教授

　　各位同學，大家好！我常對學生說，你們在路上如果遇到一個看著很順眼的人，一定要多看一眼，因為說不定那是你看他的最後一眼。你們能在這裡見我一次，是幾千幾萬個偶然才促成的。所以人生在世，我們一定要懂得惜緣，有的人在我們生命中不過是擦身而過，可能是善緣，也可能是孽緣。

　　去年我在臺灣某地演講，演講對象是臺灣各縣、市教育局部門的領導，我的專長是倫理學，所以我講的是道德。結果有報紙說我罵臺大學生「吃飽了飯等死」，我覺得那個記者的業務水準太低了，斷章取義。我不是說臺大學生「吃飽了飯等死」，我講的是蘇格拉底的一句話：「一個沒有經過反省的生命是不值得活的。」所以如果你從來沒有想過活著是要幹什麼，那就是吃飽了飯等死。可能你會說：「老師，你想清楚了活著是要幹什麼，到頭來還不是一死。」沒錯，我也會死，但是我和沒有反省過的生命是不一樣的，我知道我最終會死，可是我還知道我要怎麼活。所以，真正關鍵的不是死，而是要怎麼活。

　　不是哲學專業的人大多不知道哲學的重要性，在座的各位學醫的同學肯定沒有人想進哲學系，我們有一個高級學歷——哲學博士。如果你了解哲學的起源，你就不敢輕視哲學。你們都知道哲學家蘇格拉

底，但你們知道歷史上第一個哲學家是誰嗎？是泰勒斯。他研究的是宇宙的構成。如果去翻一翻哲學史，就會發現，很多哲學家一開始就是科學家。例如微積分的發明者萊布尼茲，他是大陸理性論的一個很重要的思想家，大陸理性論還有一個更重要的思想家——笛卡兒，他是解析幾何的發明人。再如十九世紀的著名哲學家康得，他的碩士論文的題目是《論火》。還有二十世紀的英國數學家羅素，羅素和另一位數學家懷海德合著了《數學原理》，該書去年被美國學界評為二十世紀影響人類的一百本著作之一。如果你追求的是宇宙自然的真理，就走自然科學的道路；如果你追求的是人生真理，就走倫理學的道路。可能你們會有異議：「哲學問題都找不到標準答案，怎麼能叫作真理呢？我們的醫學才是真理嘛。」如果這樣想那就太自大了。我問問各位，一個人如果從四十七樓掉下來，他會不會摔死？一定會嗎？美國就有人沒死，按理說人體承受不了重力加速度和自身體重共同造成的壓力，一定會死。但是美國有兄弟倆在四十七樓不慎掉下來，結果弟弟死了哥哥卻沒死。這又是為什麼呢？難道是哥哥掉下來的時候恰好被身邊的人扶了一把？一位著名的科學哲學家曾說，其實科學定理只是到現在為止還沒有找到反例的假設而已。假如牆角有一群螞蟻，我心情不好把它們給踩死了，或許螞蟻世界裡也有宇宙自然科學，它們有自己堅守的真理，然而被我一踩，它們的世界秩序完全被打亂。我們的人生不也像螞蟻一樣嗎？我們人類其實也沒有那麼了不起。

　　或許有人會說，為什麼要想那麼深刻的問題呢？只要生活忙碌，有足夠的金錢可供吃、喝、玩、樂，不就是很好的人生了嗎？但人生會是這麼簡單嗎？你怎麼就知道沒有悲劇在等著你呢？就算沒有悲

劇，挫折、失敗會放過你嗎？這些問題是誰都會遇到的。人生在世，只要滿足物質方面的需求就可以了嗎？我想到了奧地利音樂家海頓，你是要當海頓，還是要當生命可以無限延長的牡蠣？我想我們都會選擇海頓，這說明生命不一定要很長，但是要精彩。十九世紀的英國哲學家約翰‧彌勒曾說，你想當一個不滿足的人，還是一隻滿足的豬？當一個不滿足的蘇格拉底，還是滿足的傻瓜？我再改變一下，你是想當一個痛苦的蘇格拉底，還是一隻快樂的豬？如果你想當一隻快樂的豬，那就不用聽這場講座了，我這場講座是講給痛苦的蘇格拉底聽的。這不是一個宗教問題，因為哲學永遠是從理性的角度思考問題，而宗教問題已經超出了人類理性範圍。所以我們是從哲學的角度思考這個問題。

首先我要講講人類的命運，人類有幾個共同的命運：

第一是無常。我講幾則新聞為例。二〇〇七年六月六日清晨，護士林淑娟在臺北市南京東路五段和東興街口，被醉酒駕駛的歌手林曉培撞死。林淑娟原來在屏東安泰醫院任職，工作認真，力求上進，被調到了臺北工作。未料剛在臺北上崗就慘遭橫禍，她和林曉培這輩子唯一的一次擦身而過，就是慘死在林曉培的車輪之下，一秒鐘就決定了人的生死。二〇一〇年四月二十五日，一個風和日麗的日子，某段公路處發生嚴重山崩，有三輛車四個人慘遭活埋。緊跟在後的人員緊急剎車，生死之間，只有幾秒的差別。 車的人不是比較精明，只是他們更晚一點到達山崩地點而已。二〇〇九年五月三十一號傍晚，在外商電腦公司上班的黃國賓，騎著摩托車載妻子回家途中，經過臺北縣新莊瓊林路附近的河堤時，一顆流彈貫穿他的右肩，深入胸腔，他死的時候不到三十五歲。所以我常跟學生講，你們比我年輕，但不一

定比我死得晚。你們看這則新聞中，那顆流彈是哪裡來的？和他有什麼關係？若是早到幾秒或是晚到幾秒都不會有這樣的慘劇發生。這是常態還是意外？對於這些一夕之間的巨變，我們常感嘆「人生無常」，其實無常反而是人生的常態而不是意外。自然宇宙不會聽從我們的心意，也不會在乎我們的死活，所以颱風、地震的降臨不需要徵求我們的同意。這就好像我之前說的我在心情不好的時候把螞蟻踩死，難道還要徵求螞蟻的同意嗎？人世的變化大部分也不是在我們掌握之中，誰會出門搭上死亡飛機？誰會出門遇上酒駕的司機？誰知道自己遇到的是貴人還是討債鬼？連婚姻都是極大的冒險，即使婚前海誓山盟，也難保婚後百年好合、永浴愛河。二〇〇九年，臺灣地區平均每天有一五六對夫妻離婚，現在的很多人真是結婚時間還沒有談戀愛的時間長。

第二是無奈。沒有人能決定自己的出身、性別、長相、智商、膚色、籍貫，如果你覺得自己的先天條件不好，你也無法改變。我小時候在家裡，父母都說我是全家長得最醜的。後來和太太交往，她說我是全臺灣地區長得第二醜的。我要向別人證明自己很善良是要花很大力氣的，因為長的就是一副壞人相。長得醜是我自己想要的嗎？是我自己選擇的嗎？我也很無奈。同樣，你的智商是你能自己決定的嗎？在座的各位同學智商都很高，是你們自己決定的嗎？如果你覺得自己長得很帥、很高，人也很聰明，你會覺得驕傲嗎？真正該驕傲的是上帝，因為你對於自己的長相、智商根本沒有一絲一毫的貢獻。你只是運氣好而已，但是如果你對自己的長相、智商不滿意，你也沒辦法改變，只能感到無奈。無奈本身也是人生的一種常態。「挾太山以超北海，語人曰『我不能』，是誠不能也。為長者折枝，語人曰『我不

能』，是不為也，非不能也。」我們對別人的要求或者譴責，如果是他無法選擇、無力改變的，將會令他感到絕望，也可能因此產生仇恨。其實我們對別人的要求，經常是對方根本沒有辦法改變的。我們要知道自己的特點，這些特點也是我們沒有辦法改變的，這就是我們自己。

第三是渺小。你比螞蟻大多少？在你一腳踩死螞蟻時，你會在乎它們長相、智商、貧富的差別嗎？根據二〇一〇年九月三十日的媒體報導，美國科學家發現太陽系以外，存在適合人類居住的星球。這個星球距我們二十光年，如果搭乘光速十分之一的火箭、以每秒一萬九千千米的速度前往，旅程需要約二百年。而這樣的距離，算是離我們比較近的了。我們把地球污染得面目全非，企圖去其他星球居住，其實只能是妄想，只能是還沒有飛到那邊就已經死在路上了。據科學家研究，宇宙有上萬個星球適合人類居住，但都離我們非常遙遠。可見人類有多渺小，我們佔據著的僅是宇宙成千上萬個星球中的一個小星球上的一塊小小的土地，我們從太空上看見的中國九六〇萬平方公里國土能有多大？所以其實每個人都是非常渺小的，在宇宙中，我們比螞蟻大多少？

第四是孤獨。社會心理學家佛洛姆認為，人類除了生理需要必須滿足之外，還有一種需求也必須滿足，即想要與外界發生連繫、避免孤獨的需要。人類的孤獨有兩種：身體孤獨和心靈孤獨。身體孤獨不一定心靈孤獨，有的人雖然身體孤獨，但他並不寂寞，因為他可能有信仰的宗教，或與他心靈相通的人，所以他心靈不孤獨。然而，身體不孤獨，心靈卻很可能是空虛的。一個身體不孤獨的人有可能心靈非常孤獨，在眾人的嬉笑怒罵之中，可能會覺得自己很寂寞。身體孤獨

和心靈孤獨都很難令人忍受，尤其是包含心靈孤獨的身體孤獨，會讓人特別難以忍受，所以心靈孤獨更讓人覺得可怕。人的孤獨似乎無法避免，或許你有一個很要好的朋友，或是很相愛的愛人，你們約好同生共死，但實際上死的時候你們也還是分開的。人永遠是孤獨的，心靈上的孤獨更是必然的，沒有一個人可以真正了解另一個人，我們心靈深處的某些東西不想讓別人知道，每個人都會有自己的隱私，所以我們註定是要孤獨的，要做好相應的心理準備。

第五是死亡。人生最後都是相同的命運，得意不要高興，失意不用難過，因為無論得意、失意，最後都是死路一條。一個人生下來就在走向死亡，無人能免除。宗教就是為死亡提出各種解答，在這方面，哲學顯然無能為力。哲學為什麼無能為力呢？因為宗教的解釋有一個假設，那個假設是超過人類的極限的。例如宗教的無限假設，但實際上人就是有限的。我們的哲學只能用人的能力所能及的部分來處理問題，不可能超出人的能力範圍。

那麼我們要怎樣來面對人的共同命運呢？

我們首先要有一種生命態度，儒家的態度是盡性知命，「命」不是「宿命」，而是「人類所不能及的東西」。如果你不夠聰明，你就不要把獲得諾貝爾獎定為自己的人生目標，否則就註定失敗，不得諾貝爾獎仍然有幸福的可能。並不是外表看起來光鮮亮麗就是幸福，重點是我們怎樣面對自己。所以，「盡性知命」就是對人力所不能及的認命，對人力所能及的盡力。我兒子從小學習不好，有一次他數學考了四十六分，我就問他怎麼會只考了四十多分，他說還有人考三十多分呢。他一點都不緊張，因為他知道我不會強求他一定要考好，我只會告訴他要努力，如果努力了還沒考好我就不會怪他。我如果罵他

笨，他會說我要為此負責，所以我只能怪他不努力，不能怪他笨。因為努力是他可以做到的，而笨與聰明是他自己無法選擇的。也就是說，我們要知道自己盡力和認命的界限在哪裡。

其次是在這樣的命運面前，我們要怎樣為生命找到出路，為怎樣活比較精彩找到一個最有說服力的道理。我認為幸福人生有兩大要素：找到自己和關懷他人。我的專長是倫理學，倫理學的核心就是「人應該怎麼活」，這個問題對每一個人都是非常重要的。我在臺大開了道德推理這門課，我就告訴學生，你不是以哲學作為自己的專業，但是你這一生中應該讀一點哲學，讀一點與生命探索相關的東西，讀一讀兩千多年間無數偉大的思想家都在思考的問題，你一定會有所收穫。

我先來講講怎樣找到自己，也就是個性追尋。所謂個性，就是根據自己的判斷和偏好進行自發性的選擇，就是一般所謂的「做自己」，而不是隨波逐流。約翰‧彌勒認為，如果不是以自己的性格，而是以傳統或他人的習俗作為行為的規則，就會缺少人類幸福的一個重要部分，以及社會和個人進步的主要元素。也就是說，一個人如果要過得幸福，一個最主要的因素就是要知道自己要的是什麼。其實在現實生活中，我們絕大多數人都是在隨波逐流。我以我自己為例，我小時候家裡很窮，家裡有十一個兄弟姐妹，我在家裡排行第七，是我們家第一個大學生。我的哥哥姐姐成績都不太好，所以就在鄉下種田；我的成績一直很好，爸媽就一直支持我上學。我是在臺灣地區較好的中學讀的高中，讀高中的時候絕大多數同學都選擇讀理工科而不選文科，因為讀理工科更有可能掙大錢，因此我的家人也希望我讀理工科。我第一次高考考上了臺大的數學系，當時我家附近有人從師大

數學系畢業後通過開補習班掙了很多錢，所以我爸爸很高興，認為我們家的苦日子就要到頭了。但是我第二年就轉到了哲學系，如果我當時不是轉到哲學系而是醫學系，肯定會被很多人稱讚，因為醫學系「錢」途一片光明，可是我選擇的是哲學系，於是當時所有人都覺得我沒有前途，覺得我是腦袋燒壞了。但是時至今日，很多當時專業很被看好的同學都羨慕我。我有一個很好的朋友，畢業於臺大機械系，畢業後去美國深造攻讀博士學位，成績優異。求職的時候有四十多家企業都願意錄用他，他最終選擇去美國伊利諾州立大學的機械系當老師，伊利諾州立大學的工科在全美排在前五名，是一所非常好的工科院校。後來他被美國洛杉磯的南加州大學挖去當終身講座教授，不用上課，一心一意做研究就行。當時他被南加州大學挖去的時候還不到四十歲，南加州大學給他的工資比伊利諾州立大學校長的工資還要高。我去洛杉磯找他的時候，他卻告訴我他很羨慕我，他說在洛杉磯看電視的時候偶爾還會看到我，說我在臺灣地區呼風喚雨。我哪有那麼厲害。他說在美國像他這麼傑出的人才成千上萬，他覺得自己沒有存在感。他那麼優秀的人都羨慕我，說明我選擇哲學系也不是很差。其實最重要的是我喜歡哲學系，如果一個人做的事情是他很喜歡的，那麼他的狀態就會很不一樣。你們真的知道自己喜歡什麼嗎？我覺得臺灣地區的大學排行榜就是金錢潛力排行榜，大陸也差不多，但是我們自己應該想想我們真正想要的是什麼。

為什麼不應該只是模仿他人？因為適合別人的不一定就適合自己，即使也適合自己，也不能只是服從，否則會失去自我發展的機會。精神和道德力量的改善必須通過實際運作，運作就是進行選擇。如果一個人把自己的生命計畫全權交給世界來替他策劃，那麼他只需

要擁有猿猴的技能就可以了。人不是根據一個模式建造的機器，而應該像一棵樹，憑著自己的內在力量，向多方面發展。樹的種子都是一樣的，它們在成長的過程中同樣地經歷陽光雨露，但是每一棵樹長出來會不一樣。只要具有生命，就具有發展性，具有發展性就會具有不可預測性，具有不可預測性就具有獨特性。歷史長河中誕生過那麼多的人，從來沒有兩個一模一樣的人。對於怎樣活著才叫幸福美滿，有標準答案嗎？如果有的話，現在就應該會有《完全幸福手冊》一書，我們讀了也就幸福美滿了。實際上是這樣的嗎？絕對不可能。每一條生命都是自己在活，只有自己能選擇要怎麼活，沒有人能替自己做決定。如果一個人花太多的時間來考慮別人怎麼看自己，而不想想自己真正想要的是什麼，就註定很難走上幸福之路。我前面講過，我太太在和我交往的時候曾說我是臺灣地區第二醜的人，但是我太太很漂亮。她當時就讀於臺大外文系，外文系在人文組是第一志願，她又是他們班的班級代表，人也長得漂亮，吸引了一群追求者。然而，或許你們不相信，我們能在一起是我太太追求我的結果。馬英九和我們很熟，有一次他問我太太：「張教授，當初是你追你先生的嗎？」她說：「當時有很多追求我的人，我一個都不稀罕，我要追求我想要的。」我何德何能會成為她想要的那個人？我太太祖籍福建，她的爸爸在國民黨軍隊失敗以後逃到臺灣地區，她的媽媽也從山東逃到臺灣地區，所以她的父母在臺灣地區結合的時候在當地沒有任何的親人。我太太是他們的長女，希望能找一個人丁興旺的婆家可以多點親戚來往，但是她的父母不會說臺灣話，我的父母不會講普通話，所以我們兩家結合，雙方父母根本就沒法溝通。因此當時他們家是挺反對的，而且我長得又醜，家裡又窮，讀的還是別人看來沒有前途的哲學系。

但是我品質好，所以我太太堅持要和我在一起。她要的不一定是別人看好的，但是她要的她就覺得是最重要的。所以我們一定要知道自己想要的是什麼。各位在座的同學，你們真的知道自己想要的是什麼嗎？現在的男生女生談戀愛的時候都很在乎對方有沒有家產、身世如何、長得漂不漂亮。女生要注意，如果一個男生喜歡你是因為你的美貌，那麼要是哪天他遇到了一個比你更漂亮的女生，就很可能會離開你了；男生也要小心，如果一個女生喜歡你是因為你殷實的家境，那麼要是她哪天遇到一個比你家產更多、身世更好的呢？你們應該是憑藉自己與別人的不同之處來得到對方的欣賞和愛慕，那你們能告訴我你們是什麼地方和別人不一樣嗎？大多數人都不知道自己的特別之處。我們每個人都可以過上幸福生活，但自己的幸福生活不一定要和別人的一樣，關鍵在於要知道自己適合做什麼，如果不知道什麼才是真正適合自己的，那幸福就離你很遠。

法國哲學家盧梭表示：「拿自己和別人比較是不幸的，而且是人類在社會中罪惡的來源。不幸的是，拿自己和別人比較永遠不快樂：永遠有人比我富有，就算我最富有，我也不是最帥或最聰明的人。而罪惡則是，拿自己和別人比較的人總是會腐化，不只是想要成為第一這樣的欲望會導致犯錯，也會使他為了給別人一個良好的印象而諂媚自己、諂媚別人，他的外在和內在永遠不和諧，而且他的一生是一個永恆的騙局。」也就是說，偽裝自己讓別人喜歡你是不可能讓你擁有幸福人生的，所以不需要偽裝，不管你是怎樣的，坦然接受。你是怎樣的，你在乎的是什麼，你一定要清楚。

彌勒認為：「個性發展與個人價值成正比，每一個人隨著個性的發展，會使自己更有價值。」也就是說，一個人要做自己真正喜歡做

的事情。我現在研究哲學，雖然掙的錢不多，但是我讀我喜歡讀的書，開我喜歡開的課，學校還要付錢給我，這個職業很棒。一個人一天有二十四個小時，其中八小時在睡覺，八小時在做無聊的事，剩下的八小時是生命的精華。你用你生命中屬於精華的八小時來做什麼呢？如果僅是為了找一個工作掙錢，每天上班就想下班，那就把生命中屬於精華的8小時浪費掉了。我的工作就是我生命的價值，我在臺灣地區上課很認真，在這裡演講也很認真，學生的到課率高低並不重要，重要的是我覺得我所做的事是有意義的。所以你們一定要知道自己真正追求的是什麼，這一點很重要。「如果一個人能充分發揮自己的價值，他也能對別人更有價值，對自己的生命完滿，因此而構成的社會也更完滿。個性得到培養，才會產生良好發展的人類。」

但是個性發展會遇到障礙。

第一個障礙就是父權意識。假如你告訴你爸爸你要轉到哲學系去，他肯定會說：「你敢！你要是轉到哲學系去，我就斷絕你的經濟來源。」最後再加一句：「這樣做是為了你好。」其實這背後隱藏的概念就是「得到人生幸福的途徑只有一種」。這是不對的，每個人都有自己的個性和天分，我們沒有辦法去勉強別人。有一次我在臺灣地區的一所很好的高中給那裡的高三學生演講，演講完後有一個學生來找我，一邊講一邊哭，他說自己馬上要考大學了，他已經想好了要學什麼，但是爸媽不同意他的想法。我就讓他回去告訴他的爸媽：「如果你們愛我，就應該讓我以我想要得到愛的方式被愛，除非是我的想法不對，那你們可以糾正我。」一個學者曾提出，父母和孩子之間的相處有三種模式：其一是威權式，父母對孩子施加高壓，不允許孩子做這做那；其二是溺愛式，父母無條件地滿足孩子想要的一切，有求

必應。這兩種方式都不對，最適當的方式應該是，父母如果要求孩子照他們的話做，就一定要給孩子講明道理，孩子聽後如果覺得不認同，他可以提出自己的想法向父母挑戰。現在很多時候都是父母在替孩子做決定，但是父母替孩子做的決定真的都是對的嗎？人的可塑性是很高的，有的孩子可能會接受父母的安排，但有的孩子是沒有辦法接受的。

第二個障礙是流行意見和價值觀。現在大眾媒體無孔不入，我們經常是被洗腦了都不知道。現在的人都很在乎名牌，想必在座的各位同學就都很在乎手機的牌子。有一次我的一個朋友送了一件衣服給我，他說那件衣服很貴，其實就是一件薄薄的夾克，我完全看不出它貴在哪兒，就當作一件很便宜的衣服在穿。後來才知道是名牌，自那以後我就把它收起來沒再穿過了，我不想讓別人在看到我的時候關注的是我的衣服而不是我這個人，我想讓別人注重我的內在而不是外在。如果別人看到我，覺得我不怎麼樣，沒關係，等你了解我之後再做評價不遲。如果我們過分追求品牌，會導致過分追求外在而忽略了別人會怎麼看待你這個人，然而這被忽略的一點才是最重要的。

那要怎樣找到自己呢？

首先要養成思考的習慣。人一定要養成思考的習慣，養成思考的習慣最好的辦法就是經常討論和辯論，養成思考的習慣會讓自己成長。我現在是很能講的一個人，下午已經講了三個小時，現在我還能講三個小時。或許你覺得我是天生會演講，但其實不是這樣的。當年我和我太太交往的時候是她追我的，這也有道理，因為我從小是非常內向害羞的人。我上中學的時候坐車，只要旁邊坐的是女生，我就頭都不敢動一下。可見我真的是非常內向害羞的，如果當時我太太不追

我，我和她就肯定不可能結合在一起了。上了大學以後我漸漸意識到，如果一個人真的對社會有一定的理想、抱負，卻連表達自己的勇氣都沒有，又怎麼可能實現自己的理想、抱負呢？所以自那之後，無論在什麼場合，我都逼自己講話，每次講話都像是和別人交戰，講得面紅耳赤、又急又快。一次、兩次、三次……漸漸地，我可以在上萬人的場合講話，絲毫不會怯場。這種能力不是天生的，現在我可以做到腦袋裡一旦有所想法，嘴上就立刻同步地講出來，你們能做到這一點嗎？這是需要訓練的。要想表達出自己的想法，就必須要組織、整理自己的思緒，整理好後表達出來，如果對方不同意你的觀點，你就又得重新思考，重新組織、整理自己的思緒並將之表達出來。自己的所思所想一定要表達出來才能成為真正的思想，所以養成思考的習慣就需要經常討論和辯論。辯論就要接受挑戰，或許你們現在的成長環境比較好，從小到大沒受過什麼苦，所以會怕吃苦。但是我要告訴各位，人生難免會有挫折，千萬不要怕吃苦。我跟臺大的學生講我小時候又苦又窮的經歷，學生對我說：「老師，誰叫你那麼倒楣，生在了那個時代？」我就說，其實真正倒楣的是你們。人生都會有挫折，我們的成長時常有挫折相伴，我們已經學會了在哪裡跌倒就在哪裡爬起來，所以我們現在若是跌倒了也不會覺得有什麼關係，但是你們不一樣，你們一跌倒了就很可能爬不起來。現在的年輕人找不到好工作就跳樓自殺，他們的生命也太便宜了吧。各位，一定不要輕視生命，你的生命是有很大用處的。我常跟我的兒子說：「爸爸的文章寫得很好，但是爸爸天生就會寫文章嗎？不是。爸爸從小就很窮，上大學以後就要靠自己掙學費和生活費。我去當家教，這還不夠，於是我就參加徵文比賽爭取得獎拿獎金。多次參加徵文比賽以後，我的文章就寫

得很好了。」所以成長環境不好不見得就不是一件好事。我在美國上學的時候沒有用家裡一分錢，相反還每年都寄錢回家。我成長環境不好，又窮又苦，所以我的能力就很強，而你們今天養尊處優，能力就不如我。因此，不要害怕挑戰，不要逃避群體生活，有的困難是需要我們主動去承受的。同時，我覺得還要閱讀人文書籍，尤其是哲學書籍。閱讀哲學書籍會促使我們去思考，讓我們看到許多原本看不到的東西，有助於開拓我們的視野。

其次要關懷他人。自古以來倫理學都是哲學中的一門非常重要的學問，倫理學是臺大哲學系學生的必修課，要修兩學期，共有四個學分。我們的人生應該怎樣過呢？亞里斯多德認為人的最終目標都是追求幸福，他認為幸福與道德密切相關。個性必須在他人權益限制之內培養，所以找到自己、做自己絕對不是自私自利。有時候個人的自發性必須被壓縮，以免侵犯別人的權利。也就是說，我要發展自我就必須要有我自己的空間，可是我的空間不能侵犯到別人的空間。假如我想看到流血，就拿刀砍人，看到別人流血而感到過癮，這種做法是可行的嗎？肯定不行，因為我在發展自己的同時卻阻礙了別人的發展。所以我們在發展自我的時候要以別人作為界限，不能侵犯別人發展自我的機會。因此，對個人孜孜不倦地設限，可以使個人的社會性得到較佳的發展。為了別人而遵守正義原則，可以發展出以他人的善為目標的情感和能力，這也是理想的道德人格。也就是說，我們隨時都要想到幸福人生是我們自己和別人都想要的，如果將我們自己的幸福人生建立在犧牲別人的幸福人生之上，我們自己也必然不會有幸福人生。

人為什麼需要關懷他人呢？因為人需要人。人會給別人帶來巨大

的痛苦，但人也可以給別人帶來巨大的喜悅。所有感人肺腑、動人心弦的故事都發生在人與人之間。人和人之間的相處是非常重要的，每個人都需要別人的關心和肯定，有時候更需要別人的幫忙，關懷他人也就是替別人著想，這就涉及道德問題。

　　什麼是道德呢？道德是人和人之間的一種適當的對待方式，是人與人之間以合作的方式互動。史懷哲曾說：「倫理這個名稱指的是我們關心良善行為。我們覺得不僅考慮自己的個人幸福，而且有義務考慮他人及社會整體。」也就是說，所謂道德，就是當我在做一件事的時候，我在想到自己的利益的同時，也要想到我的夥伴們的利益。所以道德是生活中的一件很平常的事情。我們學校有很多人騎自行車，試想如果有一天你去騎自行車的時候發現自行車前面的籃子裡被人扔了垃圾，你的心情會好嗎？你一定會很不高興，那你會把垃圾拿起來放進別人的自行車籃子裡嗎？如果你這樣做，別人肯定也會很不高興。如果大家都這樣做，就只會給社會製造很多的憤怒。再如週末的時候，你和你的家人去餐廳吃飯，你會檢查菜裡面有沒有蟑螂嗎？有可能廚師在做菜的時候一隻蟑螂掉進了菜裡，但是他把那只蟑螂撿了起來，所以你確實沒有吃到蟑螂，但是那盤菜已經被蟑螂污染過了。如果你不想有這樣的遭遇，就要指望廚師有點道德。大陸曾發生過毒奶粉事件，臺灣地區也發生過塑化劑事件，我們的電視臺採訪過塑化劑事件的相關老闆，他們自己是不會吃含有塑化劑的產品的。還有臺灣地區經常發生的病死豬事件，據養豬協會統計，臺灣地區每年約有八七五萬公斤的病死豬肉流入市場。病死豬肉是怎麼產生的呢？養豬戶都是專業養豬的，在豬生病的時候給它們注射了抗生素。打了抗生素的豬如果沒有活下來，豬肉就已經被污染了，是應該銷毀的。但是

一旦銷毀了就血本無歸了，所以就趕快把它們賣掉，養豬戶自己是不會吃的。所以，如果我們每一個人只考慮到自己的利益而不惜犧牲別人的健康，別人也為了自己的利益而不惜犧牲我們的健康，這個社會就只能是一個人與人之間互相傷害的社會。因此不要認為社會道德與我們自己無關，我們每個人都是生活在社會裡的，一旦社會道德滑坡，我們就會受害。而且道德問題還會影響我們的心情。假如今天你的同學在聊天中談到你，如果他說你正直、善良、誠懇，你心情肯定很好；如果他說你卑鄙、齷齪、無恥，你心裡肯定不舒服。去年九月，我給自己的一本書寫序，寫完後拿給我太太看，她看了以後覺得很不滿意，讓我改了兩遍。我第三次拿給她看的時候她還是不滿意，說我有一段話是在喊口號。但是我不認同，覺得自己寫得很好，和她辯論了很久。當天晚上我沒睡好覺，我還是很在乎她沒有給我一個很好的評價。你們會在乎你很在乎的人給你的評價嗎？我們每一個人都活在別人的評價之中，我們的很多喜怒哀樂是建立在別人對我們的看法之上的，所以道德與我們每一個人都息息相關。

　　談道德的目的是要讓大家當聖人嗎？其實合理的道德標準是不會要求大家當聖人的。臺灣地區有一個叫陳樹菊的人，她是一個賣菜老嫗，多年來共捐出了近一千萬新臺幣來作為慈善用途，獲選美國《時代》雜誌二〇一〇年度全球最具影響力百名人物。她把自己收入的百分之九十都捐了出來，如果我們做不到這樣，就不道德嗎？這樣的「道德」要求太高了，真正的道德不會有這麼高的要求，《論語·雍也篇》中說：「子貢問孔子：『如有博施於民而能濟眾，何如？可謂仁乎？』子曰：『何事於仁，必也聖乎！堯舜其猶病諸。夫仁者，己欲立而立人，己欲達而達人。能近取譬，可謂仁之方也已。』」可見

「博施」「濟眾」的行為是很難的，連堯舜都做不到，能夠做到的人不僅僅是有道德，簡直都可以稱為聖人了。只要你能想到別人，就是有道德的了。所以道德要求我們做任何事的時候都要考慮到別人，但並非一定要考慮到國家、社會、全世界，當然，我們想得越多，說明道德情操就越高。我們來看一個故事，這個故事會告訴我們怎樣區別所謂的慈善者和最低限度的慈善者。這是《聖經》中的一個故事：「有一個人從耶路撒冷出發前去耶利哥，在途中遇到一群土匪，身上的錢被搶光了，衣服被剝光，還被打傷了，被遺棄在路上，奄奄一息。這時恰好有一名傳教士經過，他應該停下來幫助這位可憐的人，但他假裝沒看見，從路的另一邊離開了。不久後來了另一個在教會任職的人，他也應該留下來幫忙，但只是停下來看了一下傷者，就像前面那位傳教士一樣走開了。最後來了一位撒瑪利亞人，他看到這位受傷的猶太人，十分同情他，雖然猶太人痛恨撒瑪利亞人，撒瑪利亞人也視猶太人為敵人，但他並沒有像前面兩個人那樣遺棄傷者，而是過去檢查他的傷口，並為他包紮，然後小心翼翼地把他抱起來，帶到附近的旅館，整晚都在那裡照顧他。第二天，撒瑪利亞人要離開那裡，對旅店的主人說，請幫忙照顧這位可憐的人，幫助他康復，他的吃住所花的錢，我下次來的時候會全數付給你。」這位撒瑪利亞人的道德境界很高，遠遠超出了道德的基本要求，道德不會要求我們一定要做到他那樣，但是道德會譴責前面兩個見死不救的人。道德會要求最低限度的慈善，會要求我們在「小悅悅事件」中幫忙，我們不一定要馬上去救人，但是我們可以打電話，無論如何不能完全漠視。也就是說，道德要求我們為別人做點什麼，如果這不會讓我們付出太大代價，我們就應該做，這樣的要求顯然是不過分的。我們每個人都可能

會有需要別人幫忙的時候，如果我們在需要別人幫忙的時候希望得到他人的幫助，就要使我們的社會形成這樣的氛圍，使得我們大家都可以力所能及地給別人提供所需要的說明，這樣我們才能生活在一個很好的社會裡。

我們可以將道德分為三類：其一是對行為的評價；其二是對品格的評價；其三是對人的評價。在座的同學中有人到現在為止都沒有說過謊嗎？不可能，我也說過謊。我可以因為你曾經說過謊就說你沒有誠信嗎？如果是這樣，「誠信」這個詞就可以從字典裡消失了，因為沒有人適用。誠信是一種品格，說謊是一種行為，並不是只要說過謊就沒有誠信了。所謂誠信的品格，是指一個人傾向於說實話，但是不代表他永遠都說實話。我以自己為例，我應該算是一個挺守法的人，我在臺北開車，只要遇到紅燈就會停車，我不太需要員警管就可以自己做到規規矩矩。但是我在臺北開車也有違規的記錄，那麼我和別人一樣都有過違規記錄，只不過有的人違規次數多而我違規次數少而已，這有差別嗎？當然有，因為我違規是意外，而別人違規是常態。所謂品德，是指一個人養成遵守道德行為這樣的習慣和傾向，並不是說他從來沒有犯過錯。形成一種品德其實是形成一種習慣，一個形成了一種品德的人如果做出了違反這種品德的行為，他會心裡過意不去。我在臺北開車，如果遇到紅燈，在沒有員警、沒有錄影的情況下我也不會闖紅燈。或許你會問：「老師，你不會覺得等紅燈的過程很難受嗎？」我闖了紅燈才會難受，我不想做闖紅燈的人，我當然知道闖紅燈節省時間，也不會付出多大的代價，可是我不想做一個偷雞摸狗還為此沾沾自喜的人，我瞧不起那樣的人，我也不做那樣的事。所以我不闖紅燈一點都不難受，相反我還很自在。也就是說，你養成了

一種品德，就會為那種品德所代表的行為負責。如果一個人說謊會臉紅，那他一定不會說謊，因為他怕違背了那種品德。道德不是「零」或「一」，道德是在「零」和「一」之間，只是可能有的人更接近「零」，有的人更接近「一」，不可能說一定要達到了「一」才能叫有道德。如果是這樣，在座的同學中就沒有一位可以說得上是有道德的人。所以行為和品德是不一樣的，要判定一個人是好人還是壞人是很複雜的。每個人都有多種品德，其中有的品德好，有的品德不好，有的人遵紀守法卻斤斤計較，有的人慷慨大度卻貪圖美色。我們要判定一個人的好壞就必須把他的所有品德綜合起來看。美國曾經有位總統叫克林頓，克林頓是好人還是壞人呢？克林頓於一九九二年當選美國總統。一九九〇年，時任美國總統布希發動了第一次海灣戰爭，一九九一年他在美國的民調高達百分之九十，一九九二年極有可能連任美國總統，卻未料出來了一個名不見經傳的克林頓。布希當政期間雖然軍事外交很成功，贏得人民擁護，但當時美國負債嚴重，而克林頓的競選策略專注於國內議題，特別是當時陷入低谷的美國經濟。所以即使克林頓在競選總統期間緋聞不斷，也還是最終贏得了大選。四年後的一九九六年總統大選，克林頓競選連任，由於他在過去的四年中讓美國的經濟恢復增長，所以這次沒有任何媒體對他的緋聞進行報導，美國民眾對他的評價很高，於是他順利當選。但這還是沒有辦法改變他好色的事實，一個私德不好的人公德就一定不好嗎？我們不能以小見大，評價一個人的時候要公平，絕對完美無缺的人是不存在的，我們在評價一個人的時候一定要綜合考慮他各方面的品德。舉個例子，大家知道一個叫辛德勒的人嗎？辛德勒是二戰期間的一個德國商人，他當時在波蘭經商。德國納粹入侵波蘭的時候要屠殺猶太人，

辛德勒冒著各種危險拯救了約一千二百個猶太人，他是好人還是壞人？佛教說救人一命勝造七級浮屠，更何況辛德勒救人是要冒生命危險的，他是很了不起的。但同時他又是一個酒鬼、一個賭棍。有一次他跟一個德國軍官賭博，贏了很多錢，最後他跟那個德國軍官說他不要那些贏的錢了，他用他贏的錢換軍官的女僕。因為那個女僕是一個猶太人。所以辛德勒顯然是一個好人，但他的私德並不是很好。因此我們要評價一個人的道德水準的時候一定要綜合評價，不能簡單地說別人沒有道德。自身沒有道德的人最喜歡這種簡單粗暴的方式，因為這樣的結果就是天下烏鴉一般黑，但是努力上進的人和消極懈怠的人之間還是有區別的。道德是人與人之間合作所需要的遊戲規則，就像在一場籃球比賽中，沒有一個球員是完美無缺的，得分很高的人可能失誤也很多，得分不高的球員可能搶下了很多籃板，可能防守非常成功。公牛隊的球員Dennis Rodman就專門搶籃板，他雖然不會得分，但他是很重要的，功勞很大。道德其實就是合作，社會各個階層不同職位的人都把自己的工作做好，就會對社會加分。在一場球賽中，所謂表現好的球員其實是他的表現超過了一般的期待。同樣，所謂有道德的人，只因他在整體社會的合作中是加分的人。也就是說，在我們的社會裡，你若從事不道德的行為就是減分，從事道德的行為就是加分，我們的一生必然有加有減。如果到最後總計結果是加分，那我們就是合乎道德要求的。我們社會上的絕大多數人都合乎道德要求，但是只要有少數不合乎道德要求的人存在，我們的社會就會存在不穩定因素。

或許你們會說，我們為什麼一定要做一個加分的人呢？這個問題在二千多年前人類就開始思考了二千多年前，柏拉圖在《理想國》裡

就說過我們為什麼要做一個有道德的人。道德是一種壓力、一種規範、一種限制。如果你在公車上坐著，到站的時候上來一個年紀很大的老人，就站在你座位旁邊，你難道不會有壓力嗎？如果沒有，那麼我的這場講座就不是對你講的。你讓不讓座是另一回事，但你是一定會有壓力的，這就是道德壓力。我們為什麼要給自己施加道德壓力呢？哲學家是這樣解釋的，人類社會在形成法律和道德之前，是一種很自然的狀態，我喜歡怎樣就可以怎樣，別人心情不好可以把你當作出氣筒，這樣好嗎？在一種完全沒有規範束縛的條件下，天生的不平等沒有意義，所以自然狀態又被稱為戰爭狀態，也就是說，我們每個人就像是生活在戰場上，沒有智商高低、錢財多寡、長相美醜之別。這是一種怎樣的狀態呢？一種但凡人類有一點頭腦都會想脫離的狀態。脫離這種狀態就要建立規範，放棄自然的自由，得到市民的自由，所以文明人的自由都是有限制的。有了規範就生成道德，遵守規範就是道德，違反規範就是不道德，這樣人類才進入社會狀態。所以我們會發現，任何社會都有道德約束。

或許你們又會說，按我這個說法，道德是有利的，但是在實際生活中，我們卻常常覺得有道德的人最倒楣，不是嗎？我舉一個例子，假如你在四下無人的荒郊野外撿到了十萬元，你會怎麼處理？有道德的人會交給公安，沒有道德的人會據為己有，那麼是做哪種人比較好呢？好像是做沒有道德的人。但是我讓你們在兩個社會中做出選擇，在一個有道德的社會和一個沒有道德的社會裡做出選擇，你們會選哪一個？當然選擇有道德的社會。假如你和另外三個人一起開車，路上遇到車拋錨了，你要不要下來推？你如果不下來推，就沒有人會理你了，但是你可以假裝推，不用力，也就是搭便車。如果搭便車的人越

來越多，就會接近于自然狀態。如果大家都規規矩矩的，該幹什麼就幹什麼，問題會很快解決，但是一旦有人偷雞摸狗，就會把正常的秩序打亂。不僅如此，而且當這個社會上有人想要占別人的道德便宜的時候，這個社會為了保障公平會增加執法人員，管理成本也就隨之增加了。在臺北，盜竊案件的高發時段是下午四點到六點，因為這個時段員警都去指揮交通了，沒時間來抓小偷。臺北的每一條路上都有監視器，監視器是納稅人用自己納稅的錢買監視器來監視自己。為什麼要這樣呢？因為有人違規。所以當社會上有人違規的時候，懲罰違規者以維持正常秩序的成本會升高。網上曾流傳一個故事，說的是一個學生去歐洲國家留學，發現那個國家沒有管理人員，違規後被抓到的概率只有萬分之三，所以他就逃票。結果畢業後找工作時沒有一家公司願意聘用他，他就去一家小公司問對方不願意聘用自己的原因，對方就告訴他：「因為我們發現你在我們國家逃票三次，第一次我們可以原諒你，因為你可能不懂得我們的系統；第二次、第三次還這樣做，我們就認定你是故意的，所以不用你。」他說逃票是小事，幫公司掙錢是大事啊。結果公司告訴他：「我們聘用你就是相信你，如果我們不相信你就必須借助另外的機制來監督你，這樣就會增加管理成本。」依靠外在的壓力來管理人們的行為這種做法只能不斷增加管理成本。一個一切以利益為中心的社會必然會導致道德敗壞，隨之而來的就是安全性降低。道德意識越強，社會越安全，社會裡的人越安心。我小時候家裡很窮，下地勞動很熱，沒有電風扇用以消暑，晚上睡覺只能睡戶外的涼坪，大門敞開，睡得很安穩。現在經濟發達了，人們生活水準提高了，但沒有人敢開著門睡覺了，這說明我們對別人沒有以前那麼放心了。這是道德的消極意義，也就是有道德的時候我

們才會更安心。

其實道德也有積極意義。

首先是可以克服孤獨。以合作的方式和別人相處才可以使個人保有自由而不孤獨，合作者具有道德關係，具有合作精神，在合作過程中永遠考慮到別人的利益，這樣的人際關係才可能持久穩定，遠離孤獨。其實每個人都需要朋友，都希望自己不孤獨，要得到朋友就一定要關心朋友，所以道德在人與人相處的過程中扮演著很重要的角色。

其次是可以找到存在的價值，一個人要找到活著的價值，不僅僅是自己要有價值，也必須被別人欣賞和肯定。自我肯定源自別人的肯定，至少是有益於他人的肯定。沒有人不需要別人的肯定。如果你自己照鏡子覺得自己很帥，但旁邊的人都說你醜，你就一定會懷疑自己，難道不是這樣嗎？所以很多時候我們需要別人肯定，之後才能自我肯定。如果一個人沒有別人的肯定還自我肯定，那是自我陶醉。一個受到別人肯定的人不可能只對行為者自己有益，也一定對別人有益。而被別人肯定是一種無上的喜悅，是幸福和快樂之源。舉一個例子，一個剛退休的洗衣女工在一九九五年她六十七歲的時候一夕成名，因為南密西西比大學有人透露了她的秘密：這位老婦人將自己約十五萬美元的終生積蓄捐給這所大學當獎學金。這是她依靠一輩子洗熨衣服所掙的一分一毫累積而成的。有人感到困惑，質疑她為什麼不把錢花在自己身上。她的回答非常簡單：「我是花在自己身上。」這位老婦人可以將自己的錢用來改善自己的衣食住行，也可以捐給大學當獎學金，哪一種更讓人欣賞和感動？當然是後者。我們的生命往往都是可以選擇的，難道你不願意選擇一條有價值的路嗎？那位老婦人的偉大之處在於把別人也當作自己，把自己擴大到別人，這是我們每

個人都可以做到的，但很多人往往不這樣做。很多有錢有勢的人都只看到自己，考慮自己財富的增加，名聲的增大。這些人其實是小看了自己，瞧不起自己。這些人再有錢有勢都不偉大，因為他們的「我」是小我。這位老婦人沒錢沒勢，但她有大我。這樣的人當然更容易受到他人肯定，她自己也活得很有價值。

再次，道德是幸福人生的要素，幸福其實掌握在自己手中。亞里斯多德曾說過，幸福是道德最穩定的必要條件。當我們談到幸福時，大多數人想到的是財富。但是有錢就能保障幸福嗎？如果有錢就能保障幸福，我們可以排出一個世界幸福排行榜，越有錢的人就越幸福，實際情況是這樣的嗎？當然不是。或許你會說，有錢不能保障幸福，金錢不是萬能的，但沒錢是萬萬不能的。也就是說，財富不是幸福的充分條件，卻是必要條件。試想，如果一個人很有錢，卻一天二十四小時都躺在病床上，他幸福嗎？當然不幸福。所以健康雖然不能保證幸福，但沒有健康就一定不幸福，可見健康也是幸福的一個必要條件。如果一個人很有錢也很健康，但是一輩子都沒有遇見愛情，他幸福嗎？同樣的，愛情不能保證幸福，但沒有愛情就一定不幸福。所以其實我們的日常生活中有很多條件，財富、健康、愛情、親情、友情、尊嚴等，它們都是幸福的必要條件。然而我們是不可能找到幸福的充分條件的，如果有且能夠找到，各位也就不用來聽我的演講了。我們往往忘了一件很重要的事情，那就是道德也是幸福的必要條件。有道德不能保證一定會幸福，但是沒有道德一定不幸福。來看美國股市大亨博斯基的例子。他在一九八二年被美國的Forbes雜誌列為美國最有錢的四百人之一，卻為了賺更多錢而搞內線交易，一九八六年十一月被判三點五年刑期，罰款一億美元。為什麼一個身價數億美元

的人會為了區區幾百萬美元鋌而走險，最終落得個身敗名裂的下場？答案在一九九二年揭曉。一九九二年美國的一個資深記者訪問他的太太，他的太太說博斯基並不是一個愛財的人，他在工作期間忙到連享受自己賺來的錢的時間都沒有，但是他愛爭排名。他在一九八二年排進前四百名的時候，沒有感到高興或是驕傲，而是為自己僅僅排在前四百名的最後幾名而感到丟臉，所以他希望自己擁有更多的財富，從而可以排到更前面，為名反而身敗名裂。再舉一個例子，陳水扁先生有個名叫趙建銘的女婿，趙建銘是臺大醫學系的，臺大醫學系是全臺灣地區最難考的科系，可見他的智商一定不低。他的太太也是一名醫生，他們倆在臺灣如果能安分守己，一定可以過上更好的生活。但是他們貪念太重，搞起了內線交易。他現在已經身陷牢獄了，即使他現在沒有坐牢，走在外面也一定是頭都抬不起來的，怕別人認出他來從而對他指指點點。而且他的兒子六歲的時候讀小學，其他孩子的家長不讓他讀，他們沒辦法只好搬家，從此他的兒子在成長過程中也一定會被人說三道四。有這兩件事情做枷鎖，他們的人生註定不幸福。同樣，為名反而身敗名裂。可見，一個沒有道德的人肯定是沒有幸福生活可言的，一個人心靈若不平靜，就不可能幸福。一個貪得無厭的人又怎麼可能會心靈平靜呢？亞里斯多德認為，道德不僅是幸福的必要條件，還是道德最穩定的必要條件。這是為什麼呢？因為我之前講到的其他幸福的必要條件，財富、健康、親情、愛情、友情等，都是需要一點運氣才能得到的，得到了也有可能失去，需要自己悉心維護，唯有道德不需要依靠運氣來得到。孔子曾說：「我欲仁，斯仁至矣。」我願意從事高尚的事業我去做就可以了，只要有心就能做到，不需要其他的條件。也就是說，道德是我們自己可以決定的。所以亞里斯多

德說：「如果幸福是穩定的，一定要以穩定的條件為核心。」所謂「穩定的條件」就是道德，因為道德完全可以操之在己。

　　人為什麼要有尊嚴呢？德國哲學家康德說：「從事道德行為是人之所以為人的關鍵，也是人之所以有尊嚴的理由。」我之前也說過，我在臺大的演講被媒體認為我是在罵臺大學生「吃飽了飯等死」。其實不止如此，他們還說我罵臺大學生是「聰明的怪物」，我也沒罵他們，我講的就是事實。我經常跟臺大的學生說，你們每天在想什麼？如果你們想的是自己的前途、自己的人生……全部都是「自己」，那麼用「趨利避害」四個字就可以形容你們的人生態度。「趨利避害」是動物也會的啊，所以如果你的人生只會趨利避害，那和動物又有什麼區別？有點差別——你們是一群聰明的動物，僅此而已。但是人是什麼？人是明明知道這件事情對自己不利，卻還是要去做。對自己有利的事情就做，無利就躲，這不是動物嗎？康德曾說：「如果一個人不能從事道德行為，那他就是動物。」他認為人具有人性和動物性，如果人只發揮自己動物性的本能，追求自己的利益和欲望，那就是動物，人只能通過道德行為才能反映出人性。幫助別人，明明知道要付出努力而且對自己沒有好處還要去做，這才是道德，這也才叫作「人」。所以人為什麼有尊嚴呢？就是為了把人和動物區別開來。人和動物不一樣，不只是會趨利避害。舉一個例子，耐維是一位義大利籍的化學家，二戰期間由於猶太裔身分被送進了一個納粹集中營，他在死裡逃生之後寫了一本傳記，記述集中營裡求生不得的牢獄生活。他的救命恩人是羅倫左，羅倫左是集中營裡的一名工人，他一連六個月每天送耐維一片麵包，從不要求回報。耐維表示，正是因為有羅倫左他才能活到逃出集中營的那一天，羅倫左讓他知道這個世界還有

人，羅倫左這樣的人的存在讓他記得自己還是一個人。在集中營裡的日子生不如死，很多人選擇自殺，很多人故意違規讓獄卒把自己槍斃。耐維之所以能活下來是因為羅倫左每天給他的一片麵包，羅倫左讓他覺得這個世界還有溫暖，使他重燃起生存的尊嚴和價值。適時的一片麵包，價值勝過千軍萬馬。每天給別人一片麵包，我們現在每個人都有這樣的能力，然而我們並不一定有心為之。當代倫理學者辛格認為，有意義的生活必須要有目標，而這個目標必須超出自己以外。紐約的很多有錢人每年花自己收入的四分之一去看心理分析師，這些人其實沒有病，只是因為他們自己可以掙很多錢乃至覺得生活沒有意義，所以去請心理分析師陪他們聊天。如果他們跟朋友聊天就會很快有八卦傳出，不可靠。對此，辛格的建議是「他們可以離開心理分析師的躺椅，只要他們為衣索匹亞、孟加拉或紐約貧民窟的居民做點什麼，他們的人生會不一樣」。也就是說，我們往往每天想的只是自己要怎麼樣，但一旦我們跳出自己的世界，就會發現人生境界可以完全不同。我們覺得自己過得不好，但其實世界上有很多人比我們自己的情況糟糕得多。據聯合國兒童基金會統計，全世界每年有五百多萬名兒童因饑餓而死亡。和他們相比，在座的各位可以吃飽穿暖已經算是很不錯了。所以我們要懂得感恩，我們現在得到的一切都是前人努力的結果，不是天上掉下來的餡餅。

抱怨運氣不好，責罵別人不對，根本沒有辦法改變現狀，只會讓自己的每一天都沉浸在不愉快的心情中。轉換心情靠品德和智慧，有人說感恩是幸福的秘訣，何以感恩？就是我們始終想到自己已有的東西。如果我們想到的永遠都是自己沒有的東西，那就只會抱怨。同樣一件事，我們可以選擇感恩，也可以選擇抱怨。如果我們懂得感恩，

我們就會發現自己擁有的已經很多了，心情會很不一樣。有的時候我們沒法改變環境，就只能改變自己。我有一個朋友，我們每天在一起打球，有一陣子他沒來，後來有一天終於來了，卻說他自己沒辦法打球了，因為他的心臟上裝了兩根支架。我說那豈不是快死了？他嚇了一跳，說能不能不要講這種壞事。我說人都是會死的，關鍵是你要怎麼死，是要沒有病痛的離去還是要飽經病痛的折磨？心臟上的這兩根支架，你看待它的角度不同，心情和身體情況就會不一樣。在外界環境沒法改變的情況下，我們的品德和思考會改變我們的人生。其實我們每個人都擁有同樣的幸福資本──愛和關懷。愛和關懷不需要智商，不需要很多財富，只要有心就可以做到。所以，累積無形的財富，就會找到通往幸福的通道。有形的財富是你爭我奪，會破壞人與人之間的關係；無形的財富是越給越多。所以有人說，快樂是越積累越多，痛苦是越分擔越少。如果從有形的條件來講，我其實算不上一個有錢人，我現在還住在臺大宿舍，是標準的無產階級。我太太近來也提醒我說我們快要退休了，一旦退休就要離開臺大宿舍，那又住哪兒呢？我說沒有關係，我們在臺北市買不起房子，還可以去花蓮買，花蓮相對偏遠，房價也相對便宜。雖然從有形的條件來講我不算是一個有錢人，但我自認為很富有，我的錢在朋友那裡，不怕被偷不怕被搶，還取之不盡用之不竭。我這次過來，一個上海的朋友非要過來接我，把我帶去一個五星級的大酒店入住，還帶我在武漢玩了兩天，一切費用都是他出的，他不就是我的錢包嗎？我在臺灣看過各種表演，全都是前排就座，但我一毛錢都沒有花過，都是朋友幫我付的錢。我無權無勢，朋友為什麼要對我好？他們覺得對我好就是對社會做出一點貢獻。我是一個怎樣的人，會值得朋友對我這麼好？所以一切都是

自己帶來的。我們不要以為自己似乎總在吃虧，如果我們是一個有品德的人，就會讓別人全身心地信賴，在這個趨炎附勢、世態炎涼的社會中，被別人信任是一件了不起的成就，這是我們每個人都可以做到的。我們要怎樣度過自己的一生呢？我們沒有辦法選擇自己的出身，但是一旦來到這個世界後，將來我們會成為怎樣的人，這是我們可以選擇並且應該負責的。

　　謝謝大家！

2011年於華中科技大學演講

周小香根據錄音整理

重建我們的「好生活」理念

陶東風　首都師範大學中文系教授

　　當前中國的發展取得了舉世矚目的成就，但是也面臨著空前的危機。我們的經濟發展很長一段時間在全世界佔據首位，GDP連續幾十年都以百分之十左右的速度增長，現在已經成為世界第二大經濟體，而且有人預測我國很快就會成為世界第一大經濟體。我國每天都在發生巨大的變化，到處都是新建的馬路，新建的大樓，新建的街道。但是與此同時，我們也陷入了經濟、政治、文化各方面的問題。

　　我要講的第一個問題是活得有尊嚴比活得富有更重要。為什麼我要討論好生活的問題，我覺得我們的社會仍存在很多亟待解決的問題。不同的人可以從不同的角度去思考，我不是經濟學家，也不是政治學家，也不是政府官員，我是一個人文學者，所以我只有從文化哲學這個層面上來思考。也就是說我在思考的一個核心問題是我們這個社會出了一些問題，是不是跟我們這個好生活的理想出問題有關係。我們生活的世界，從自然、制度到道德文化存在一些問題，政治學家、經濟學家對這個問題的反思，主要是從經濟學的角度，也就是要轉變經濟增長方式，不能再不顧一切地追求經濟增長，發展模式要轉變，要反思，要和諧發展，等等。我們現在講經濟增長方式的轉變，還是停留在環保低耗、節能減排等物質方面，或停留在經濟學的層面，這些反思都是必要的，但是還不夠。因為這些指標並沒有觸及文

化價值的內容，任何經濟增長方式下的社會發展模式都不是存在於真空之中，它們的背後都有文化價值的支撐，這個文化價值觀概括來講就是我們對「好生活」的理念。所以我更願意從好生活這個角度，來反思我們的經濟發展問題。

活得有尊嚴比活得富有更重要，生命誠可貴，愛情價更高。價值觀是我們選擇人生道路的依據，我們選擇社會制度、選擇社會發展模式，是我們的價值觀。文化界要回答的一個問題是，這樣一個經濟增長方式的轉變需要什麼樣的文化來支撐，如果沒有這樣的一種支撐，我覺得經濟社會發展模式就會無以為繼。如果我們往往把好生活等同於奢侈生活，當你想要達到一種奢侈的生活，想要迅速致富，就會把公正、正直放到一邊去。所以轉換經濟增長方式不單純是一個經濟問題，也關係到到底什麼是好生活的問題。這個「好」是綜合性的指標，不僅僅包括好的經濟增長方式，更應該包括正確的價值觀、和諧的人際關係以及愉快的心情。文化有很多支流，比如茶文化、影視文化等，但是文化最根本的東西是什麼呢？就是價值觀，是回答什麼是好生活的問題。這個問題經濟學是解決不了的，因為經濟理性是工具理性，它不能回答什麼是好生活的問題，它無法進入實質理性、價值理性。從經濟理性的層次來理解和判斷一個社會的發展模式和國民的生活品質，很難對它的好壞做出實質性的判斷。為什麼保護環境、正義、資源那麼重要呢？這是一個文化價值的問題。比如說享樂主義者就會覺得犧牲環境資源的發展模式是好的，他認為我此時此刻的感官快樂是最有價值的，是最值得追求的，生命的品質就表現為肉體和感官刺激的強度，所以此時此刻能夠最大限度地快速滿足其感官與欲望的模式就是好的。為什麼要去考慮子孫後代呢？為什麼要去考慮人的

尊嚴呢？他認為這是沒有價值的事情。

　　只有當你的價值觀變了，當你認為世界的持久存在和後代的幸福是重要的，只有當你覺得人不是動物，不是說吃得飽穿得暖就是好事，就是好生活；只有當你的價值觀變了，你才會對那種犧牲子孫後代利益的發展模式做出深刻的反思。所以我們說犧牲環境的發展模式不好，是因為我們認為人不是動物，不能把金銀珠寶裝飾的籠子當作自由的天空。人要有人的尊嚴，尊嚴是奢侈品不能給予的。所以發展模式之間競爭的核心是文化之爭，是價值觀之爭，是不同的好生活的理念之爭。所以我們有必要發起一場「什麼是好生活」的討論。只有解決了這個問題，才能夠進而解決我們應該選用哪種發展模式的問題。

　　我要講的第二個問題是好生活不等於奢侈的生活。現在我們國人當中普遍流行的一種觀點就是把好生活等同於物質富足或者奢華的生活。在廣告裡面可以發現其所塑造的好生活，或者成功人士的生活、形象是什麼樣子的，就是駕名車，戴名錶，喝名酒，用高檔化妝品。好生活是不是等於富足和奢侈的生活呢？二○一○年六月，南京的一位病人老周在北京醫院做了一個心臟移植手術，原因是二○○九年做手術的時候，他的心臟被植入了一個非法支架，結果這個定時炸彈一年以後爆發差點要了他的命，他必須換心臟才能保住生命。後來媒體報導說，由於暴利，大量的水貨，也就是未經批准臨床使用的非法支架被植入人體，於是這些醫療器材，就成了置人於死地的定時炸彈，那麼專家為什麼要在病人身上用非法支架呢？原因就是他能得到更高的回扣。老周為了他的心臟病，花了好幾百萬元。他是一個有錢人，但是他幸福嗎？他的生活是好生活嗎？

我要講的第三個問題是好生活不等於審美化生活。所謂審美化生活，就是一種避開滾滾紅塵，自己去過一種寄情於山水，追求詩意，滿足自己的審美需要的生活。作為一個愛好藝術的人文知識分子，我也很嚮往這種審美化生活。現在生活節奏很快，誰都希望自己能夠過一種非常優雅的慢節奏的生活。但是這種生活的另一面是極其消極的，它是一種對公共世界的逃避。中國古代知識分子往往就是在仕途失意的時候，走上這樣一條審美化生活的道路。上山、玩水、下棋、遛鳥，這種生活對個人也許是一種解脫，但是它沒有辦法改善我們生活的公共環境，無益於我們的公共生活。

　　我要講的最後一個問題即好生活是寶馬車還是自行車。江蘇衛視有一個大型相親節目叫非誠勿擾，在二〇一〇年七月十七日的一天，播出的是《非誠勿擾》第三期，當一位愛好騎自行車但又沒有職業的男嘉賓對女嘉賓馬諾說：「你喜歡和我一起騎自行車逛街嗎？」這個時候，馬諾毫不猶豫地說：「我更喜歡在寶馬車裡哭。」後來就流傳這樣一句話：「我寧願坐在寶馬車裡哭，也不願在自行車上笑。」這句口頭禪紅遍了全國。其實這句話之所以流行，不僅僅因為它代表了當代年輕人的心理，實際上也反映了現在人們的價值觀，尤其是年輕人的價值觀。在精神和物質不能統一的時候，年輕人選擇的往往是物質。比如說如果一個男人很有錢，可以讓你在物質上坐享其成，過現成的奢華的生活，但是你不愛他，他也不愛你，他也不尊重你，他背著你可能還有很多別的女人。那麼另外還有一個男人很愛你，你選擇哪一個呢？馬諾的回答很清楚，就是選擇「在寶馬車裡哭」。所以這句話實際上超越了擇偶標準，成為當代年輕人的價值觀和生活方式的一個很集中的表達，它反映了人們對美好生活的標準和內涵的理解，

很值得我們分析。

　　「我寧願坐在寶馬車裡哭，也不願在自行車上笑。」這句話的第一層含義是，今天一些中國人更看重物質享受而不看重精神生活，也不看重人格尊嚴，它表明我們的好生活標準裡面發生的一種畸形的變化。我們試想，一個女人坐在寶馬車裡哭，她一定不是因為沒飯吃，沒有衣服穿，沒有地方住。眾所周知，寶馬車在中國被一些人視為一種奢侈品，一個女人有寶馬車，那她一定不會吃不好、穿不好、住不好，一定不是物質的原因，那麼她哭的原因一定是關於精神的，是有關做人的尊嚴的。開著男人給的寶馬車，忍氣吞聲，自己又沒有生活能力，只有一個人偷偷地哭。同樣一個女人坐在自行車上笑，那一定不是物質的原因，一定是因為精神的原因，除非她是因為健身而騎自行車。自行車在這個地方實際上指的是貧窮，但是人既然在自行車上笑，她一定是因為精神的原因而笑。比如說電影《山楂樹之戀》，女主人公坐在她男朋友的自行車上，笑得很開心，這就是一種精神上的快樂，兩個人心心相印，這是第一層意思。還有第二層意思，這個女人竟然在寶馬車裡哭，就說明她還沒有完全變成動物，她還有關於自己人格尊嚴的一種意識，還沒有徹底喪失這樣一種人格精神的需要，要不然她就不哭了，只要有奢侈品就夠了。還不至於有了寶馬就無所謂了，該開開心心還是開開心心地過下去。她的追求是自覺的、明明白白的，不是被蒙蔽的。她知道這兩種選擇各自的優點，知道物質享受的代價是什麼。但是她選擇如果沒有物質生活，寧願不要精神生活。這種現象很普遍，人們不是沒有能力判斷是非好壞，而是沒有堅持的勇氣。第三層意思，坐在寶馬車裡還要哭，一定還有一個更關鍵的原因就是這個寶馬車不是她自己的，不是她自己奮鬥得來的，是別

人恩賜的，也就是她的奢侈生活不是自己創造的，還是別人的，她是一個寄生蟲。要不然也不至於無奈地哭了。為什麼不能和心愛的人去創業，把自行車變成寶馬車？這應該是一種最理想的生活。在我看來，你可以通過自己的奮鬥，既不喪失人的尊嚴，又可以過一種奢侈的生活，這不是更好嗎？創業和奮鬥的過程，沒有人給予重視，沒有人給予正確的評價。她只想要奢侈生活這個結果，而不管通過什麼方式，不管這個結果是以怎樣的代價得來的。我覺得這樣的價值觀非常有問題。你辛苦創業賺了一千萬元，和你買彩票中了一千萬元，差別就在於，一個是你自己奮鬥得來的，另一個是運氣好。只有當你的幸福生活是你奮鬥的結果，是通過自己的能力創造的，這才是價值的體現。以創業的過程為樂，這是我們這一代人奉獻的幸福觀。我想起現在的穿越小說，大體上都是一些現實生活中處於底層的女孩子，渴望過上等人的生活，然後就做一個夢，穿越到清代，變成了格格。由此我能想到我們這個社會的價值觀，跟二十世紀八〇年代真的是太不一樣了。在八〇年代，我們也希望過得好，也不排斥奢侈品。但是現在價值觀的扭曲在哪裡呢？就是把奢侈品等同於人的身分、人的價值。你擁有寶馬車，他只擁有桑塔納，擁有寶馬車的人就更有價值，價值判斷是建立在商品之上，這就是消費社會的一種毛病。人們從你使用的物品的牌子、價格、名氣來判斷你這個人的價值，這樣一種消費主義的觀念，不一定是富有的人建立的。有些人並不富有，但他腦子裡全是消費主義者的觀念，他也通過這個標準來判斷。相反，有些人很有錢，但他腦子裡不是消費主義者的觀念。例如比爾·蓋茲，雖然他是世界首富，但他看一個人的時候，並不因人家穿的西服不是名牌，就低看別人一等。現在很多中國老百姓並沒有擺脫貧窮，但他們骨子

裡是消費主義者，他們對奢侈品的追求、崇拜，不亞於那些老闆、電影明星。

除了物質崇拜，現在社會上還流行一種消費型偶像，這種消費型偶像是二十世紀九〇年代才開始流行起來的。偶像是什麼，比如體育界的姚明，影視界的章子怡，音樂界的周杰倫。偶像為什麼值得我們研究呢？因為偶像是價值觀的集中體現，一個社會的價值觀集中體現在偶像的身上。美國的一位學者是研究大眾文化的專家，他研究過二十世紀二〇年代到四〇年代這段時間美國著名流行雜誌上的《人物傳記》欄目。二十世紀二〇年代，《人物傳記》欄目裡的主人翁，絕大多數都是企業家、科學家。這些人被稱為生產型偶像，這些人身上體現了生產的價值。他們之所以受到人的崇拜模仿，是因為當時社會崇尚的是生產者。所謂生產者，就是給社會貢獻了什麼，增加了什麼，給人類創造了什麼的人，創造的東西越多越有價值，這叫生產型偶像。在四〇年代，傳記人物的主人翁就變成了另外一種人，就是整天出入於夜總會、打扮得珠光寶氣、滿身都是奢侈品的演藝界明星、頭面人物等。這些人體現的不是生產的價值，而是消費的價值。這些人之所以受到崇拜、追逐、模仿，是因為他們擁有奢侈品，所以這種人叫作消費型偶像。

在中國呢？中國在粉碎「四人幫」以後流行的是生產型偶像。其中一個是陳景潤。他當時是一個偶像人物。因「哥德巴赫猜想」聞名於世後，他每天都收到很多女孩子的求愛信，但陳景潤是一個熱愛工作和學習而不會生活的人。八〇年代演藝界的人並不是大部分人的偶像，有歌唱家或電影演員，但他們不等於明星。他們作為人民藝術家，是一個生產者，跟工人或其他人一樣，他們的價值體現在他的貢

獻上。而明星是消費社會的產物，是消費型偶像。明星之所以成為明星，就是因為他們代表著奢侈品。現在我們的流行刊物也會介紹一些科學家、企業家，但是會突出他們所擁有的財富，以及他們所過的一種奢華的生活，這對一些人的價值觀的影響很大。一些人不願意奮鬥，不願意生產，而只想做一個像明星一樣擁有奢侈生活的人。但是大家知道，如果全社會的人都希望自己擁有寶馬車，那麼中國就會變成一個停車場。不是我危言聳聽，有人做過統計，如果中國人均佔有一輛轎車的話，中國所有陸地就會停滿了車，這當然是不可能的。消費主義在中國的危害就是，在它的推動之下，人們瘋狂地追求奢侈生活，這樣下去，不但在道德方面是危險的，而且在資源方面是不可行的。所以我認為我們的社會有很多弊病，作為一個人文學者，我沒有能力從其他方面去分析，我只是從文化價值觀上做一些分析，我覺得我們的好生活的理念必須重建。

2012年於華中科技大學演講
陳晨晨根據錄音整理

跨文化的溝通與實踐
——心理學的視角

洪建中　華中師範大學教授

　　今天我給大家講的題目是《跨文化的溝通與實踐——心理學的視角》。跨文化心理學是我個人特別感興趣和關注的課題。首先，這個課題與我個人的芬蘭—中國這種長期往返的個人經歷有關。其次，跟我的心理學的學習背景也有關係。再次，在出國之前，我在北師大學習跨文化心理。

　　我想用一幅圖片開始我的講座。大家都很熟悉蘋果公司的創始人賈伯斯，他說過：「我喜歡活在人文和科技的交叉點上。」這是蘋果公司一個長期沿用的理念，也可以把它看作是一種精英理念，這和我們今天的講座比較貼切、結合得很緊密。一談到心理學，不少人就認為它偏科學，但更多還是偏人文一些。我覺得在座的同學與老師在科學技術方面是專業人員。這是一種人文與科技的交融，這是一種世界的潮流，也有不同方面的意義。為什麼蘋果公司的產品能流行全球？為什麼它的產品、服務能衝擊中國市場？這與蘋果公司的創始人賈伯斯，以及蘋果公司的文化——精英理念都是相關的。除此之外，還有其他的原因，比如人文與科學藝術的結合，產品服務與市場推廣的結合，等等。

　　「二十一世紀是一個跨文化溝通的世紀，儘管我們所學專業存在差異，也離不開這種世界性的潮流。」這就是接下來我們今天為什麼

要談跨文化溝通的原因。現在商務全球化中有一種需求，而這種需求面臨的不僅僅是與本部競爭，還有一種全球性競爭。這種競爭面臨著全球化、不同的市場和不同的文化交叉，需要去理解客戶和市場，這是一種跨文化的溝通。跨文化的溝通是一個比較重要的議題。在企業裡也認為跨文化應是國際競爭綜合競爭力的需求。在高校裡，科技、人才和教育應該是搖籃。在與國際接軌、交流中，有留學生交流和國際學術交流，包括參加國際會議。由於語言、文化不同，所以教育的體制、系統都不同。其次還有跨國旅遊和商務考察，越來越多的商務考察團不斷湧現，主要與國內的商務考察團到國外的需求有關。這其中存在著語言不通的跨文化交流問題，還有外來文化衝擊的影響問題。那麼，為什麼要進行跨文化的溝通呢？我們可能要從大方面上來看，有時雙方的仇恨也不知從哪裡來的，總是其中一方存在著偏見，漸漸激化而形成。但如果有管道或媒體能夠進行良好溝通，也許可以化解這些偏見和仇恨。

昨天參加一個網路研討會，有一個美國「千人計畫」的教授，以前屬於學術領域的，他做的是一種跨文化的培訓。以前他一直搞智慧家教，當然這其中也有許多數學方面的知識包括在裡面，電腦的，還有人工智慧的許多東西混雜在一起。現在我們請一個家教要花不少錢，要發明出這個東西來，如果真的有幫助，能輔導孩子的數學、語文、外語、口語等，一定會大受歡迎。他一直在美國搞知識家教，美國也給他投了許多資金，包括與軍方的合作。由此可見，只要你有點子、有技術，再與心理學的文化融合，還是能在競爭中脫穎而出的。這也是跨文化的溝通中的一個方面。

現在我們來看一下要探討的幾個問題。第一個是文化是什麼，這

是最基本的問題。什麼是跨文化溝通？它和一般的溝通有什麼差異？這是我們接下來要談的問題。東西方之間我談得最多的一個地方就是芬蘭，因為待在那裡的時間最長。這樣的話，討論中國與芬蘭要更多一點。在人際交往方面，就我個人的經歷，我發現它們差異的本質可從一些生活中的例子看出。因為文化的複雜性，在探討跨文化溝通時，我們便要思考跨文化到底跨的是什麼。它把文化分成兩種，一種叫客觀文化，另一種叫主觀文化。這其中比較有意思的是把科技、傳統文化裡物化的一些東西放到客觀文化中去了。實際上今天說的人文和科技的融合，客觀文化裡不完全是科技，還有人文在傳統文化中物化了的部分。物化就是以這個科技產品為載體，這實際上是人文和科技的一種結合體。對客觀文化可以這樣去理解，但要說到主觀文化、民族精神和氣質，好像心理方面的東西要多一點。我個人從文獻中總結了一下相關的定義，大概有以下幾種。第一種是把文化看作一種共同的價值觀、信念及假想。這個最有名的研究應該是荷蘭的一名跨文化心理學家。他最早是在IBM（國際商業機器公司）做研究，涉及四十個國家，他的員工也來自不同的國家。後來他就對此感興趣，發現不同的員工有不同的文化背景。那麼，全球四十個國家各自文化最核心的方面是什麼？他區分出五個方面。一是權力的距離。有些國家領導者和被領導者之間的距離比較接近、平等，有些國家的差異比較大，比如師生、醫生和護士。這樣的差異在有些國家是合作的關係，有些屬於隸屬的關係。他說的文化主要是國家文化。二是對不確定的一種回避傾向。三是個體主義與集體主義，對此，大家在講到文化的時候可能都聽說過。比如說美國文化的本質是個體主義的文化，中國文化的本質是集體主義的文化，等等。這兩種不同文化的價值觀是不

同的。個體主義者傾向於思考、看問題時從我開始往外看，而集體主義則是我的父母、朋友怎麼看待，會影響我的行為、思考和判斷。我覺得挺好的但是大家都反對。這個時候你的集體主義傾向是重還是不重？面對這個問題，有些美國人不以為意，他們認為「我」是行為的主體，我可以決定我自己的行為，說什麼、做什麼都由我自己來決定，我的判斷好壞也是由我說了算。而中國人首先想到的是政府的意願，是比較關注這些方面的。當我問你怎麼看待這個問題時，就說我是怎樣看的就完事了，不用去想太多。第四個方面，研究者認為在不同的國度，男性化與女性化之間的差異也是很大的。原本研究者以為只有四個維度，但後來發現中國人有比較特殊的一點，即孔子的動態主義。這個概念有些模糊，就說中國人比較勤儉，考慮問題比較長遠，給人的感覺是西方文化尤其是個體主義者考慮問題比較短淺。這是該研究者比較有名的研究，他認為不同國家可以用這五個方面將不同國家文化層次的高低展示出來。他認為文化是心理軟體一個特定的程式，把文化定義為集體性的、心理的程式設計的過程。研究者認為文化是一種共同的價值觀、信念或假想，主要是價值觀，主要是國家的一種價值觀、文化。還有就是物質文化。比如說教室是怎麼排列的，樓房是什麼樣的，這其中也隱藏著一種文化。還有語言和溝通，我們說語言是文化的基因，如果研究文化沒有研究語言就等於沒有研究文化，在這個意義上來說它是很重要的。在公司裡，語言和溝通也比較多，具體的一個問題比如說跨國公司用什麼語言溝通比較好？對效率、對完成任務更有利？公司的管理者、經營者也會比較直觀地去討論這些問題。因此在做文化研究時，他們也會比較關注語言和溝通的問題。我這裡有一個文化概念的系統，這個系統反映了當今跨文化

研究中的一個主要**趨勢**，把文化要麼看作是語言和溝通的系統，要麼是物質文化和人工製品，要麼看作是價值觀、信念或假想。這是比較主流的一個方面。我個人用的是人種學中的文化模式和印刻或文化實踐，還有人工製品和工具的仲介作用，對這兩方面的概念和理解多一些。究竟後面的這兩個文化模式以及文化世界，還有人工製品到底和之前的有什麼差異。先說文化模式，我覺得更多更大的差異包括後面在文化模式上發展起來的印刻或者文化實踐，更多的是說在研究文化時還要去看一下我們這個在文化研究群體中的人在做什麼，就是把活動引到文化之中，即在研究文化的同時也研究他們的活動，我覺得可能最大的差異在這裡。最後人工製品和工具的仲介作用，我覺得是對以上這幾個方面文化的一個總結。我覺得目前見過的最好的一個對文化的概念研究來自美國的一個哲學家。他把人工製品和工具分為三類，認為第一類是物化的，亦即之前所說的物質文化。比如說榔頭這個工具，人們將其用於生產，這是物質文化。第二類人工製品主要是指像語言之類的系統，亦即語言溝通。語言是個載體，是強調語言這個符號系統的作用。文化可以分為三個層次，這是第二個層次。第三個層次認為文化是一種文化實踐或者說是印刻的文化實踐，這與之前說的文化價值觀之間的連繫也比較緊密，它是一種模式。所以，我覺得他的這種總結還比較全面，把文化的比較、文化的研究、文化的幾個層次都包含進去了。

我們現在把文化的概念介紹一下，有這樣一些分類和理解。什麼是跨文化溝通？它與一般的溝通又有什麼差別？我覺得關鍵的地方在於溝通的物件，因為溝通的物件有不同的文化背景，這樣就有一個需求，就是我們在與人溝通時，首先要了解他，不能用我們的想法去想

別人也可能是這樣想的。在中國大家都比較熟悉，我們談到中國人，認為中國講究人際關係，辦事要有人、有關係，這種文化處於變化過程中。中國在變，中國的文化也在逐步發生變化。從主題上來看，關係在我們的生活中依然有著重要的作用。關係有點像我們所說的文化實踐，雖然不是特別具體，卻又影響到我們生活的方方面面，它是無處不在的。對此，老外有時會有疑問，既然說關係在中國文化中很重要，能不能舉個例子具體闡述一下關係的重要性？對此，我們有時不知道從什麼開始說起。但要說一個具體的方面就比較簡單了。比如說職場方面、求學方面，關係都是很重要的，我們是能夠理解的。但對於西方人來說，他們是不知道關係有多少作用的。對於在國外有沒有關係這個問題，他們也不是很清楚。從翻譯上看，老外有時以為我們所說的關係他們國家也有，但後來仔細想想覺得又沒有，就是這樣模模糊糊，有時候有，有時候又沒有。

接著說一下背景因素。比如說同鄉，都是從哪裡來的，這就比較重要。在人際關係中這些都是很重要的，一說好像話題就多了。有時候經常說我通過某個朋友的介紹云云，實際上我也不認識那個朋友，就轉了一個圈。我忽然發現，在中國文化中，第三者的作用好像比較大一點，而在國外這個幾乎沒有什麼作用，就和不認識一樣。因為這關係裡有一個問題，是平等對待還是不平等對待。有時在談論關係時，我與芬蘭的一些研究者在交流時也與他們說，很多時候談了半天後，他們會說原來中國有關係，我們芬蘭也有關係，只不過你們那種特鐵的關係就恨不得是你的親戚、多年的朋友。「多年」二字很重要。這其中非常強的連繫叫特鐵的關係。「鐵」的作用在中國文化中特別大，在國外，如在芬蘭文化中，也不能說沒有關係，反而有一個

比較弱的關係起的作用更大，如果太強了它就回避。但在中國就不一樣了，要來回比較一下利害關係，關係因素、人情成分就會越來越大。還有一個差異就是在假定關係的時候，探討的差異就是兩種文化下的比較。還有一種差異，在芬蘭文化中，首先你是一個陌生的人，其次跟你打交道要認定你是一個好人。在芬蘭，誠實是第一價值觀。我們在與人打交道時不會首先認為對方是有問題的。那麼雙方的合作關係、信任關係是如何建立的？是先從做事情開始建立的。在中國順序有些差別，首先要查你是否一個可信的人。然後才能安心地與你打交道，順序稍微有些不太一樣。這是我的理解。他們也講這種信任關係，但是他們講的順序有些不太一樣。這是我個人的一個看法。

我們再稍微分析一下，就是從中國、芬蘭的例子來看，這兩種文化中，其本質差異是什麼。我對此稍微定義了一下，我覺得在芬蘭，任務、效率和規則是一種定向的文化。在中國，則講究和諧的人際關係，要考慮方方面面的平衡，人際關係在其中的成分居多，所以順序也不一樣。在西方文化裡，規則就是第一，在中國，規則也有，但有時也要看情況。情況不同，規則也就不一樣。這可能是一個差異，具體的差異有以下幾點。第一點是在西方的文化中首先講的是規則，而在我們的文化中首先講的是人際關係。第二點是在解決問題時西方文化更強調的是非人際的解決方案，我們講究人際或與人相關的解決方案。還有一種就是在西方文化裡強調的是顯性知識，而我們更強調的是一種非正式的、隱性的知識的作用。還有一個因素就是信任。在芬蘭，信任關係很快就能建立，人與人之間沒有防備之心，而在中國就大不相同。還有就是權利的距離，在芬蘭是人人平等的，而在中國這種距離是要看情況的。最後，在芬蘭是，溝通是顯性的、開門見山

的。在面臨一個問題時，中國人很少直奔主題，一般是先顧左右而言他，所以我覺得我們的模式不太一樣。接下來，我們再看下中國和芬蘭在工作和閒暇時間方面的對比。我覺得工作和閒暇時間的界限在中國是很模糊的，而在芬蘭，閒暇時間裡只和家人相處。在社會關係上他們比較顯性，而我們比較複雜一些。

2012年於華中科技大學演講
梁青根據錄音整理

《中國好聲音》給我們的啟示

張曙光　北京師範大學哲學與社會學學院教授

　　學哲學的我應該給大家講思想、文化和社會方面的內容，但是談思想、談文化、談社會往往會涉及政治方面的敏感話題，所以我選擇一個比較輕鬆的話題，使我和同學們都可以放鬆一下。今天我們不談國事只談風月，而當然《中國好聲音》是中國的好風月。不做音樂而從事哲學研究的我，為什麼對《中國好聲音》如此推崇呢？因為我從《中國好聲音》中發現裡面不僅有音樂，而且還有哲學。最初我本以為這個節目的形式是我們中國人發明的，但令人失望的結果是荷蘭人創造了這個模式。這個節目在荷蘭一炮走紅，並迅速地被美國、英國等其他國家引進，在中國引進也造成了轟動，兩週之內其廣告費飆升了十五倍。目前，雖然第一季已經塵埃落定，但我覺得繞梁三日，對我的影響特別大。今天我想就《中國好聲音》談一點對中國人的啟示，主要談以下三個方面的內容。第一，為什麼《中國好聲音》在中國一炮而紅？第二，《中國好聲音》來自西方，講一下西方的模式和中國的表達。第三，它對當下藝術的發展和生活各個方面的影響有哪些。

　　首先我們來看第一個問題。《中國好聲音》的成功在於有一個好的模式。當然，首先在於它不摻雜聲音之外的因素，這一點非常重要。但是如果把這些歌手唱的歌單獨拿出來表演，肯定沒有這種轟動

效應。雖然有的歌手唱得很別致，比如吳莫愁，可假如專門給他們辦一場音樂會，我覺得也沒有節目中的效果好，所以《中國好聲音》的成功不單單是聲音的問題。畢竟《中國好聲音》是由評委導師、選手、主持人、觀眾等，加之又有一個範本等要素進行搭配，從而產生了一個整體的效果。我想《中國好聲音》的成功等於八個方面和要素的組合，當然也是八種關係。

第一個方面，評委盲選，無知之幕。這是這個範本最出彩的地方，《中國好聲音》從海量的選手中選出優秀的成員。據說，導師們坐的四把椅子和主持人拿麥克風的方式都是荷蘭設計出來，而我們忠實地按照這個進行。盲選，即導師背對著歌手，評委們看不到歌手，但觀眾能夠看到歌手，這把除了聲音之外的所有因素都遮罩掉。假定我們都處在約翰・羅爾斯在《正義論》中提出的「無知之幕」理論中，即對身分、社會地位及社會影響等其他因素都不知道，而共同在一起生存會發生一些什麼事情，這是《中國好聲音》最關鍵的一個環節。與一般的音樂會不同的是，它造成了一種反差，評委背對歌手，把這些東西完全遮罩掉，只按照聲音選人。

第二方面，反客為主，權力轉移。老師和學生的關係是主客關係，導師選學生，如果導師都不轉過來，這個歌手就被淘汰了。但是如果有兩個人轉過來，或更多的評委轉過來，那就意味著歌手與評委之間的關係逆轉了，不是導師選學生，而是學生選導師了。此時我們發現導師們緊張起來了，調動他們的各種才能，把學生收到自己的團隊下面來。比如，楊坤就利用自己的三十二場音樂會，劉歡則運用自己的才華、能力和地位等。其中我認為庾澄慶（哈林）是最具有國際眼光的一個評委，可能是由於臺灣地區文化藝術發展的禁忌和約束比

較少的原因，我們可以從他的提問中看出他的口才和他的反應能力，他對一個事物的認知準確性以及對選拔進程的把握超過大陸的三位導師，從中我們能感覺到大陸的歌手、評委與臺灣地區的歌手和評委的風格不同，這樣評委之間的PK便產生了一種戲劇效果。

第三是男女互補，異性相吸。首先，評委為三男一女，這也是荷蘭的範本。那英應該在國內美譽度是比較高的，她雖然出道早，但也算一棵常青樹。男女搭配模式更帶有一種曖昧色彩的是導師對學員的選拔，導師和學員之間也是異性相吸。比如劉歡選中的四位歌手也是一男三女，如一個天生好歌手的吉克雋逸，有些故事的徐海星等。雖然由於媒體的炒作，徐海星有了負面的傳聞，但是我認為我們對這些走紅的人也許有些嫉妒心理，總是拿著放大鏡去看看他們有沒有污點，以求心理的平衡。至少她的父親確實是在三個月前去世的，母親鼓勵她參加比賽。而庾澄慶的學員全部是女生，那英的四位元學員則全部是男歌手。楊坤情況儘管有點不同，是三男一女的學員，但恰恰是這個女學員，使得導師和選手的關係多了一點曖昧。關於這個是不是還有緋聞，將來我們拭目以待。總而言之，男女互補，異性相吸。我想這是可以理解的，可能音樂藝術與人的非理性方面有更多的關聯，所以有情感的因素。儘管一個導師開始覺得是被聲音吸引了，但轉過身會眼前一亮。

第四，故事穿插，聲情並茂。《中國好聲音》希望觀眾更多地了解歌手，而不僅僅是了解歌聲。當評委老師詢問選手的名字，選手們講出來，則會有出彩的故事，使得故事穿插於節目中間，聲情並茂。

第五，高低粗細，耳聽八方。聲音有大嗓門，也有小嗓門的，先秦的大學者都非常關注音樂，比如孔子，「三月不知肉味」。而《荀

子》裡面則有一篇《樂論》。音樂是讓人快樂的，直擊人心，聲音載道。在《中國好聲音》裡，我們也發現了關於聲音的碰撞，比如對吳莫愁的聲音，劉歡說了一句：「她唱的歌，我聽不懂。」而庾澄慶則全力支持她。總而言之，不同聲音、大嗓門和小聲音等組合在一起，恰恰符合音樂的原則。音樂不是只有一個聲音，而是一種邏輯的搭配。西方的交響樂就是各種音樂的組合，就像白居易在《琵琶行》裡面的描寫——「大珠小珠落玉盤」，這是不同聲音組合的結果。

第六個亮點，兩兩對決，高手打擂。《中國好聲音》的舞臺像一個拳擊場一樣，讓我們眼前一亮。音樂不應該是一個溫情的東西嗎？它卻讓聲音比拼，形成一個反差和衝擊，並且這種對決不是兩個人唱兩首歌，而是一起唱一首歌。

第七，難以抉擇，懸念迭起。導師很難抉擇，那英都流淚了，按哲學的話就是非此即彼。我感覺是真情的流露，選手也好，觀眾也好，包括選手的家人，心都提到嗓子眼了，都希望歌手能夠勝出。

第八，媒體參與，眾意表達。有人說這個好，有人說這是敗筆。我個人覺得，這有點像美國的陪審團制度。如果大家看過盧梭的書，就會知道，眾意不等於公意，眾意與公意之間經常總是有很大的差別，公意只著眼於公共的利益，而眾意則著眼於私人的利益，眾意只是個別意志的總和。但至少這可以在一定程度上影響導師們的意見，最後的決定權不是由導師決定的。歌曲不是唱給評委聽的，是唱給大眾聽的。

我粗略地給《中國好聲音》的模式做了一個總結，做了一個梳理。這是和大家交流的第一個問題，好聲音在於好的模式。

最後談一下《中國好聲音》對我們的啟發。第一，回到事情的本

身。好聲音就是好聲音，就只聽聲音。所以給我們的啟示就是回到問題本身。文學的歸文學，藝術的歸藝術，政治的歸政治。第二，互為主客，肯定主體。我們接觸的西方思想，主要是認識論的思想，主客二分，要把先入為主的東西先清掃一遍。但現在的心理學和腦科學發現，如果都清除掉，就會變成白癡，所以要走出主客二分的認識論。這套理論在我們社會生活的方方面面都有體會，比如官員和老百姓；大學裡面老師是主體，學生是客體。晚清時候，統治者和被統治者的關係達到了一個極端，形成主奴關係。前幾年電視上大演清宮戲，而我翻遍了歷史書，發現中國歷史上那麼多的朝代沒有一個朝代的大臣見皇帝自稱奴才，可以稱自己為微臣、罪臣，但沒有叫自己奴才，只有清朝是這樣。因為清軍入關的時候，他們正處於奴隸社會的初期。總而言之，我們今天就要顛倒近代以來的認識論，更要把傳統的主奴關係清除掉，轉化成主客關係，要把主客觀轉化為主體間的關係，我是主體，你們也是主體，我們是平等的。在今天這個世界，我們正在走向多元化，會出現不同的聲音，這很正常。第三，公平競爭，雙向選擇。人類社會沒有競爭是沒有動力的，有競爭就會有差異，就會有貧富之分。出現這個差異，我們就要考慮公平的問題。為什麼人會追求公平？因為當我們意識到自己是人的時候，會意識到我們和其他人不一樣，每個人都有屬於自己的肉體、利益。世界上沒有完全相同的兩個人，都有個體性，每個人是無法取代的。我們作為個體，我們天然地追求獨立和自由，但同時我們意識到，我們的個體性再強，我們也是人類的一分子，我們天然地追求平等。自由和平等兩個極端之間就會生成公正，而公正恰恰是我們在共同體裡面所追求的，因為我們不僅作為個體存在，還以共同體存在，每個人必須生活在共同體裡

面。如何保障每個人的自由，不損害他人的自由，這就需要公正。我們要推崇自由，推崇競爭，但也要追求公正。只有生活在一個多元的世界裡，我們的創造力才能被真正激發。有的是學科學的，有的是學藝術的，才能有真正的創造。這就是《中國好聲音》給我的啟發。

2012年於華中科技大學演講

馬瑩根據錄音整理

哲學與科學

科學的哲學反思：從辯護到審度

劉大椿　中國人民大學哲學系、宗教學系教授

　　我今天想給大家講的是對科學的哲學反思的一個變化。這個變化是我們怎樣去看待科學，怎樣對待科學。一般來說，科學哲學和科學界比較習慣、比較流行的一個態度是說明科學的合理性，說明科學為什麼有這樣的作用。但是近年來由於各種各樣的原因，特別是科技的發展，除了有正面的作用之外還有許多負面的影響。因此在學界看來，它就有一種批判的思路，而且反科學主義的聲音一度比科學主義的聲音更激烈，所以就有一個從辯護到批判的過渡。但是，一味的批判也帶來了許多新的問題，所以我們想應當有一個新的態度，就是怎樣去審視科學，這就是我們最近在研究中提出來的一種審度的態度，所以這個題目就叫作從辯護到審度。

　　首先來講三種取向。第一種是為科學辯護，第二種是對科學進行批判，第三種是採取一種審度的觀點。我在這裡說一下審度的觀點，它有自己特定的內容，有它的針對性，有它的語境，根據不同的語境，它可能會有不同的選取。下面先講第一種取向，就是對科學進行辯護。這是科學對哲學反思的一個基本態勢，也是傳統的主流觀點。什麼叫辯護？從科學哲學的術語來講，就是說明為什麼科學是合理的，為什麼科學知識具有精確性、可預見性這樣一些優點。在科學哲學中，它是從理性的角度來為科學進行辯護的，這是西方邏輯實證主

義的一個基本取向，也是我們當下對科學的一個基本的態度，我覺得它具有很大的合理性。因為科學對於我們人類的貢獻，在近三百年來的確是太顯著了，在我們國家這幾十年的發展中大家也能感受到。世界的進步和我們國家引人注目的成就是離不開科學的，不管你怎麼講，一切重要的科學成就，比如說神舟飛船的發射，都是因為有了科學技術的發展。如果我們不能通過科學技術來進行預見，就不可能發射飛船。只有科學知識才有這樣的功能，才具有這種特點，其他的知識雖然非常重要，卻不可能讓飛船上天，這個就是科學的合理性問題，也是科學哲學要解決的問題。第二種取向是對科學進行批判。也許大家會感到奇怪，既然科學這麼厲害，這麼有作用，這麼具有預見性，我們的很多成就都要依靠科學，但為什麼會對科學進行批判？實際上，對科學進行批判也是由於科學具有特別重要的作用及其所帶來的後果，因為近幾百年來科學技術成了當代社會的支柱，成了經濟發展的支撐，成了人們生活中不可或缺的東西，我們的一切都與科學相關。但這個世界並沒有因為這樣，所有的問題都解決，而且還可能產生了一些新的問題，有時還是非常嚴重的問題。那麼我們的問題是從哪裡來的？有一種社會輿論就認為這實際上是科學帶來的，特別是跟科學緊密相關的技術帶來的。原子彈很厲害，但原子彈具有很大的破壞力。互聯網很厲害，但有互聯網之後，我們又產生了許多新的問題，跟資訊學的發展是緊密相關的。所以當今科學哲學的若干重要的流派（我們稱之為另類科學哲學）就是把現在很多問題的根源歸結於科學。有很多重要的學者、重要的流派，比如法蘭克福學派，其批判理論的核心都認為我們當今的問題——精神危機、社會問題來源於科學，是因為科學和技術。第三種取向，是近年來在辯護與批判互相較

量過程中出現的。這個取向有許多新的說法，我們在研究過程中，特別是針對中國的情況，覺得應當採取一種叫作審度的觀點。這種觀點被正式提出是二〇〇八年，在一次討論會上我們得出這樣一個結論：單純的辯護和單純的批判都是有局限性的，應當對科學採取一種審度的態度，用一種多元的、理性的、寬容的觀點來看待科學。而我們對科學的反思也應當是一種從辯護到批判到審度這樣的轉換，這種轉換可能更有利於我們正確、恰當地對科學進行反思。

下面我就分別講一下辯護、批判和審度這三個觀點。

為什麼科學是合理的？科學具有很大的作用，我們可以從這個來證明科學是合理的。但是有重大作用的東西很多，包括宗教也是有重大作用的。在當今世界如果提問哪一個作用大，有的人說科學作用大，也有的人說宗教作用大，當然也有人持另一種說法。如在西方主流社會就有人認為，當代社會由兩個輪子驅動，一個是科技，一個是宗教。所以光說它有用就證明它是合理的，這個理由並不充分。藝術也是有很大作用的，我們也不能少了藝術。那麼基本的理由是什麼呢？這就是哲學反思告訴我們的，科學具有下面一些特點，這些特點是別的東西並不具備的，包括宗教、藝術，儘管我們可能都很重視它們。第一個是客觀性或者說非主觀性、可檢驗性、可重複性。用一個比較折中的語言來講，就是科學最具有客觀性，比別的東西更具有非主觀性，更具有可檢驗性，更具有可重複性。這是科學的一個重要特點，也是它的一個重要標準。我們仔細想一想，應該是這樣的。我們也可以挑出科學具有主觀性的問題，這正是接下來我們對它的批判性要講的。儘管這樣，你也得承認它的主觀性比別的活動更差。第二個特點是普遍性或者說抽象性、非地方性、無國界性。比如物理學是牛

頓首先開創的，但物理學並不是英國的，它是世界性的，中國的物理學和英國的物理學沒有區別，這點跟別的東西不太一樣。但是有些學問，比如像哲學、藝術，在不同的地域可能就不一樣。對很多東西我們會冠以中國特色，中國特色本身是一個非常好的說法，就是具有中國特點，應當非常自豪，但有的時候是拿這個東西來為一些不好的東西進行辯護。我們不管從哪個角度來說，有些東西的確是中國特色的。但是對科學而言，特別是那些科學的定理、使科學能夠成立的那些東西，很難說得上是中國特色的，我們不能說這是中國特色化學，這就是科學的普遍性。過去我們在這一點上經常陷入誤區，比如要看科學家的階級出身，這實際上就是不符合科學的普遍性的觀點，它會給科學帶來災難。第三個特點也是別的知識沒有的，或者很少有的，就是科學知識的構造性。所謂科學知識的構造性，指的是科學的邏輯性和數學性，就是科學知識的各個部分都是有邏輯關聯的，一般來說是用數學連繫起來的並且是可以用數學公式來表示的。比如伽利略，他就是現代科學具有構造性特徵的實踐者和理論的首倡者。伽利略、牛頓的物理學才是現代科學，因為他們提出了一個標準——知識的構造性。自由落體定律是伽利略的重要貢獻，伽利略通過實驗得到物體自由下落的距離、高度和時間的平方成正比，即 $h = 1/2gt^2$。亞里斯多德也有一個自由落體定律，認為落體的快慢與它的品質有關，這跟牛頓和伽利略的說法是不一樣的。究竟哪一個是正確的，它不是經過簡單觀察就可以得出結論的。亞里斯多德的自由落體定律沒有辦法用構造性和數學來表示，同時還會產生邏輯矛盾，當然最終的實驗也否定了亞里斯多德的觀點。所以伽利略和牛頓的科學知識之所以成立，除了我們前面講的有客觀性和普遍性之外，還在於它的形式是具有構造

性的，也就是它互相存在邏輯連繫而且能用數學來表示的。正因為如此，科學知識就具有解釋性和預見性。因為你可以用$h = 1/2gt^2$來說明落體的規律，我們就可以預言它在第幾秒可以落到哪個地方，這也就是我們發射衛星、飛船可以預言它的未來會如何的原因。科學原理跟上面我們說的密切相關，這也是科學哲學在多年研究中所提煉出來的精華。由於科學哲學有許多內容，但是為科學辯護說明科學具有合理性。

當然，在不同的時代，人們的論證遇到的問題不同，也會具有新的特點。在二十世紀八九十年代，對科學的批判已經甚囂塵上，而且非常流行，這個時候就有一批科學家和哲學家（主要是科學家）起來捍衛科學，當時就引起了一個所謂科學大戰。一九八七年在《自然》雜誌上發表了有關科學理性的評論，他們對否定科學的真理性和實踐性的論點非常不滿，如果按照批判的觀點發展下去，科學將會失去它的目標，如果沒有目標，科學將不復存在。也就在當年，《自然》雜誌還發表了一篇題為《科學在哪裡出錯了》的文章，就對以菲爾本德（他原先為科學辯護後來轉而批判科學）為主的學者進行了批評，說他們是真理的背叛者和科學的敵人。後來在二十世紀九〇年代又出了一些著作，比如富爾頓的《科學與反科學》就對反科學現象進行批評，生物學家格羅斯和數學家來利特寫的《高階迷信》引起科學之爭。這些是科學家寫的，也對反對科學者進行了抨擊，而且言辭非常尖銳。這兩本書是新一代的為科學辯護的有力著作。特別有意思的是，在一九九六年，美國理論物理學家索卡在《社會文本》中發表了一篇文章——《超越邊界，邁向量子引力的變革性詮釋學》。他在文章中用量子力學的當代的一些理論來證明科學是錯誤的，科學的觀點

是站不住腳的，而反對科學的觀點是能夠站住腳的，後現代主義的那些論點是可以成立的。索卡這麼做實際上是用了一種反諷的手法。他在發表這篇文章的同時，又在《大眾語言》上發表了一篇文章——《曝光——一個物理學家的文化研究實驗》。他寫了一篇批判科學的文章放在《社會文本》上，索卡說：「我那篇文章其實是一篇模仿和嘲弄後現代派的遊戲文章，那裡面所說的論斷大部分都是沒有邏輯前提的，也沒有經驗證據，是一種概念的遊戲，其實是一派胡言，卻獲得了他們的稱讚，從這裡就可以看他們的觀點能不能站住腳。」索卡以這樣的方式對後現代、批判科學的觀點進行嘲諷，在學界引起了很大的風波，這個較量實際上推動了對科學的反思。當然，索卡的一部分目的達到了，但是這並未完全摧毀對科學的批判，對科學的批判一開始是非常吸引輿論、吸引眼球的。這篇文章發表後，人們也感覺到不能輕易地跟著時尚走，並不是最新的觀點就一定能站住腳，所以究竟應當怎樣看待科學就引起了更多的思考。

我給大家主要介紹兩個方面的材料。一個是科學哲學，它從理論上來講是主要是闡述怎麼為科學的合理性進行辯護，再一個就是當代較有名的事件，為科學辯護究竟是怎樣的，而引起了所謂科學大戰，又是一個怎樣的情況。下面給大家介紹一下對科學的批判，也就是質疑科學的觀點。

為什麼索卡開個玩笑並不能完全打倒或是摧毀對科學的批判呢？因為對科學的批判在理論上也是有很多名堂的，而且有一定的實踐的支持，因此對辯護的觀點進行解構實際上是從二十世紀下半葉以來，即第二次世界大戰以後逐漸形成的時尚，也可以說是比較有影響的一個潮流。它們彼此之間並不完全相通，並不是說質疑科學的聲音的理

由都一樣，而且有的時候它們之間是互相衝突的，但共同點都是批判科學的。所以持一種反科學的態度、批判科學的態度質疑科學價值的觀點在這個時候成了非常流行的觀點，我們稱之為另類科學哲學。另類科學哲學一般包括下面幾種類型。

從理論上來說，第一類質疑科學的聲音來自歐陸哲學以現象學傳統作為它的根基的反科學主義的理論，主要學者有幾類：一類是存在主義學派，如海德格；另一類是法蘭克福學派，如馬爾庫塞、哈貝馬斯；還有一些是後現代知識分子，如傅柯。這些學者，他們有的並不自稱是科學哲學家，有的還不認為自己是科學哲學家，但是他們對科學和技術提出了許多新的觀點，而且這些觀點多數都是質疑科學的，或者是批判科學的，以及和科學緊密結合的。第二類質疑科學的科學哲學家是從分析哲學傳統內部殺出去，跟正統的科學哲學背道而馳。這些哲學學者，在科學哲學中應當說是比較典型的，因為這些學者的話語體系跟正統的科學哲學是一樣的，他們受的訓練是非常嚴格的邏輯實證主義訓練。第三類是借鑑另類思想的反叛科學社會學，也就是我們平常所說的SPS（科學技術與社會）與反叛這個傳統的科學知識社會學（SSK）。我們最初有些誤解，認為SSK可能是新一代的SPS，其實不是，它們的根本取向是不一樣的。SPS中像莫頓、貝爾納這些學者認為科學的內事是關於認識論研究的，科學哲學解決這個問題。但是科學的發展還要考慮它的外事，即科學跟社會的關係，要研究這個部分，當然這是近了一步。SSK不是說要考慮外事，而是說不但要考慮內事，外事也沒什麼不同，就是科學的認識論本身也是社會建構的，科學家、科學共同體跟其他人沒有什麼不同，也是社會的。因此，科學的活動、科學的知識，也帶有社會建構的色彩，這是SSK。

從英國的愛丁堡學派到法國、美國很多學者，特別是在二十世紀九〇年代以後非常流行的女性主義、後殖民主義和生態主義的科學哲學，也算是SSK。但是這些學者是與政治運動結合起來，他們不僅是跟SPS的這種科學社會學的傳統有連繫，而且跟法國的後現代的知識分子也是有緊密連繫的，把科學和權力緊密地連繫起來批判科學。下面我就SSK的特點，給大家做一點簡單的介紹，大家就可以感覺、領會這個另類是怎麼一回事，它們為什麼會跟傳統哲學的觀點不一樣。

在二十世紀七〇年代，英國以大衛‧布洛為代表的愛丁堡學派和以柯林斯為代表的巴斯學派提出了SSK的一些基本觀點，後來這些影響越出了英國。法國學者拉圖爾寫了一本有名的著作——《實驗室生活：科學事實的建構過程》，實驗室生活就是考察實驗室實際發生的事情，然後得出結論：科學事實其實是社會建構，是一種建構的過程，並不是說它本身是這樣，然後有一個事實的反應。還有奧地利學者卡林‧諾爾-塞蒂納寫了一本書也挺出名，叫《知識智障，建構主義與科學的語境性》，說科學跟它所處的時空背景是相關的。特別是美國學者特拉維克寫的《物理與人理》是一個代表性的著作，實際上是對加州的一個重要的高能物理研究機構中的物理學家的生活以及他們在實驗室怎樣工作、怎樣提出他們的結論進行考察，他發現物理跟人理是不可能截然區分的，這就是SSK。他們的觀點實際上是這樣的，首先認為科學物件和科學現象並不是純粹的客觀實在。比如在實驗室裡有很多實驗資料，科學家覺得不一樣就不要，要選取自己覺得好的那個實驗的資料（當然作假是另外一回事，將作假排除掉，作假更是人為建構的）。即使是正常的實驗，它也是有選擇的。拉圖爾和沃爾加認為，現象只依賴於社會，現象是跟社會相關聯的，它是由實

驗室所使用的，跟實驗室的使用一起製造出來的。借助記錄儀，人們完全可以製造出人為的實在。我覺得這個話前面都對，但是最後一句就出問題了，而且這個話就是他得出最後結論的一個最重要的論據，即製造者把人為的實在說成是客觀的實體。前面的話是有道理的，沒有人、沒有實驗設計，就不會出現這些現象，對得到的資料也要進行選擇，但是能不能說借助記錄儀，人們完全可以製造出人為的實在呢？這是做不到的。比如說酸，你拿試紙放下去，想讓它變藍不太可能。這就是說人為的只是在一定的範圍內，可以作選擇，可以設計，但實驗的過程是個物質過程。比如氫和氧爆炸會變成水，沒有條件它不一定會爆炸，但你讓它們爆炸變成別的東西，想做也做不到。根據這個實驗得出來的結論說客觀性是不存在的，當然也存在問題。這個是SSK反傳統的建構主義的第一個非常重要的觀點。第二個也是有一定的道理的，各種社會因素尤其是社會利益的相互作用，決定了科學知識的建構過程。我們就講通常的社會研究，總是要設計研究的課題，要去論證課題，要找基金資助，找人評審，這個過程當然是一個社會的建構過程。沒有基金支持做不了，找人也可能會找熟人，這裡面客觀性就會打折扣，政治、經濟、權力這些社會因素就會滲透進來。SSK就很注意在科學中活動，包括在科學實驗室的活動中這種因素。這樣的研究的確告訴我們在科學中發生的許多真實的事件，因此不能非常簡單地把科學的過程理想化。就像科學史，我們往往將它理想化。伽利略在和教會的鬥爭中極力捍衛哥白尼的學說，的確也捍衛了哥白尼的學說，但現在的人們仔細研究他當時的論證，發現有些基本的論據其實是錯誤的，但他用這些錯誤的論據推出了一個正確的結論，這就說明科學史非常複雜。我們不能得出這樣的結論：科學史研

究的是科學的發生，它根本沒有所謂的客觀性。今天的實踐、實驗室的現實其實也是這樣的。SSK一個重要的學者瑪律凱說：科學知識必須被視為全社會中文化資源複雜運動的一個部分，這種運動通過變化的社會關係的模式和群體利益得以調節和被模式化。他所說的這種情況是存在的，我們今天講到的一些現實中存在的問題，也就是他們所揭示的這些問題，是需要引起重視的。比如現在在科學、高等教育中存在的行政化、政治化問題，這實際上都是社會建構的問題。塞蒂娜說：「科學論文的形成，經過一個轉換過程，這個過程有可以視為超科學、超領域中運作的社會連接的機制，而這種社會連接是由利益的分裂和融合來調節的。」科學論文在形成過程中也不是純粹的，我們今天出現的許多不端行為，也是跟這個相關的。上面這些是主流的SSK的觀點，而女性主義、後殖民主義、生態主義則發揮得更加極端了，將社會建構跟政治訴求更緊密地結合起來。女性主義往往是將傳統的認識論包括傳統的科學看作是男性中心主義的產物，科學知識是依靠認識論來辯護的一種政治學的產物。它實際上是揭示這樣一個現象：社會是男性主宰的，男性又是主宰科學的，往往會用科學來進行政策選擇、政治辯護。好像科學證明的東西應當是合理的，其實它並不合理。科學就是男性中心的產物，它所支持的就是男性中心的政治統治和權力，這是女性主義的一個論證邏輯。當然，女性主義者也做了許多工作，比如她們指出科學史的研究對女性科學家的忽視，還用了很多事實來證明女性主義科學哲學的觀點，認為應該恢復女性在科學史中的地位。特別批判既有的科學制度阻礙女性進入到科學研究中去，說有一種結構性的障礙，就是男性中心主義。這個是女性主義的科學哲學，它和當代的在政治和哲學的文化中很出名的女權主義的訴

求是相結合的。第二種比較極端的SSK觀點是後殖民主義的科學哲學，這樣一種觀點在印度很突出，在我們國內近年來這個觀點也很有市場。印度有個學者蘭迪寫了一本書叫《科學、霸權與暴力》，他的基本觀點就是說，現代科學就是西方中心主義、西方殖民主義的一個支撐，科學是西方文化建構中的一個核心，是跟西方帝國主義的利益一致的，西方殖民主義已經破產了，但是科學的統治地位還在。今天所謂後殖民主義並非說它提倡殖民主義，而是說今天的現實跟原來的殖民主義的基本訴求是一致的，但它不是靠戰爭和佔有，而是靠科學。蘭迪在這本書裡聲稱近代科學並沒有什麼客觀性，其實是西方帝國主義的神話，印度的科學（像占星術）僅僅是個犧牲品，應當反對這種後殖民主義的科學——西方中心論，弱者有權挑戰西方科學的神話。只是因為印度在當代政治的發展中落後了，在科學中，傳統的印度科學就變成了弱勢，西方的科學是強勢科學，其實印度的弱勢科學包括占星術並不次於他們。他還特別指出科學其實是吠陀文化的一種低級形態，以吠陀文化為代表的印度文化其實是一種非常有價值的、影響深遠的文化，科學只是它的一種低級形態。後殖民主義的這種論調在一些發展中國家、在當代世界比較弱勢的社會和社區中有一定的市場，被用來抵制強權，在這個方面有一定的意義，但它本身是很難站住腳的。還有一種激進的SSK觀點就是生態主義，實際上激進的生態主義觀點反科學最徹底，有一點像盧梭，甚至比盧梭還要極端。盧梭在十八世紀就寫了這方面的論文，還得了獎。他認為科學和藝術實際上是反文明的，是對文明最大的傷害。激進的生態主義認為，人類歷史上最大的錯誤就是對人類理性的一味聲揚，也就是對科學的一味聲揚。他們認為理性是人類對自然進行殘酷統治的幫兇，對自然統治

的合法性就是由理性給予的。

　　接下來要談的就是對科學的審度。審度的觀點是一個必要的轉換。為什麼呢？辯護的觀點在一個特定的語境下，在特定的時代是非常必要的。在科學發展的某個階段，我們當然應當為科學辯護，要弘揚科學。但是，純粹說科學是正面的、神聖的，甚至對科學本身產生迷信也是不可取的。批判的觀點實際上告訴我們不要對科學迷信，但是批判的觀點包括我們剛才所說的幾種，也是一種思想上的極端，這往往會給人以啟發。所以，如何整合正統的和另類的思想，創造一種更為切合實際的、指導實踐的新科學哲學，或者是新的科學哲學的觀點，是我們未來科學哲學發展的一個重要的原理。其實，從辯護、批判到審度，這正是科學發展的一個歷程，也是科學哲學發展的一個歷程。科學哲學產生之初，它的主要宗旨就是為科學辯護，而為科學辯護推動了科學的發展，同時也推動了科學和技術時代的到來。近三百年人類歷史的發展，特別是在物質文明上的進步，工業時代的到來，這跟科學的發展以及科學哲學的推動作用是分不開的。為科學辯護的思路在邏輯實證主義那裡發展到了頂峰。在二十世紀上半葉，邏輯實證主義或者說科學哲學是哲學主流，它的任務是改造其他的哲學。但在那之後，隨著科學的發展，科學和技術作用的兩面性都暴露出來，兩次世界大戰都處於科學技術充分發展的階段，它們給人類帶來的破壞也是顯而易見的，所以在此之後質疑科學的聲音就越來越響。到了二十世紀七八十年代，對科學的質疑不僅是對正統科學哲學觀點的解構，而且在一定的場合下變成了一個否定科學的極端，出現了一種反科學論。甚至反科學論在一些知識分子那裡是一個非常時尚的、流行的觀點，全盤否定科學的思潮影響很大。

對科學的辯護、批判引起了激烈的爭論，這是很正常的，所以有科學大論戰。到了今天，重新捍衛科學的聲音在科學論的領域也日益強烈，這是在西方學者中出現的一種新的趨向。但是這種捍衛科學的聲音不同於傳統的單純的辯護，而且表現為一種更嚴謹的立場。這種審度的觀點並不是簡單地把批判、辯護折中，只是說不要像它們那樣走極端。正統的和另類的科學哲學都有走極端的傾向，雖然極端有時帶來深刻，但有失公允，不太符合實際。因此重要的是既支持科學的發展又保持對科學的警醒，超越對科學的辯護和批判，對科學持有一種審度的觀點。曾經有學者跟我說這就是折中的觀點，我說在某種程度上可以說這是折中的觀點，但並不等於說只是各打五十板或者是從辯護和審度中各取一部分，我覺得應當有針對性，應當看語境。辯護的觀點在歷史上曾經是正確的、是可取的，儘管它不是絕對正確的；批判的觀點在特定的背景下是非常有意義的，而且應當對原來的迷信科學的觀點進行批判，在那樣的場合下，批判的觀點就是可取的。在特定的時候，觀點應當有針對性，但是不能把它推到極端、普遍化。因此我們今天所說的審度，就是看你在什麼情況下針對什麼問題，因而你應該持一個什麼樣的態度。這就是我今天給大家提出來的一個想法，謝謝大家！

2010年於華中科技大學演講

梁青根據錄音整理

悖論：思維的魔方

陳　波　北京大學哲學系教授

　　大家好！今天晚上我給大家講的題目是《悖論：思維的魔方》，這是我正在給北京大學出版社寫的一本書，預計明年會出版。古希臘哲學家蘇格拉底曾說：「未經審查的人生不值得過。」我認為：「未經批判的前提、預設或原則隱藏著某種危險。」我們經常會發現我們所熟知的一些概念和原則當中會有一些奇怪的命題或者悖論，這些已經成為老少咸宜的思維的魔方，構成致命的挑戰，激發已知的興趣，養成思考的習慣，鍛鍊思維的智慧，孕育創造性的理論。今天，我給大家講三個方面的內容：什麼叫悖論，悖論的主要類型及例證，悖論研究的意義。

　　首先，我們先來看一下荷蘭畫家埃舍爾的作品《魔鏡》，它為我們描繪了一個神奇錯納的空間及一個不可能的世界。有這樣一種說法，認為埃舍爾是一名思想家，不過他的思想沒有像其他思想家一樣付諸言語，而是表現在繪畫上，他的每一幅作品都是他的思想的記錄和總結。這裡有一幅畫：他手裡托舉著一個球，球裡映襯出自己。從某種意義上講，這幅畫是他的自畫像。這裡還有一幅畫：水從高塔流下，又最終流向高處，周而復始。這在某種意義上是一種悖論。在這裡，我講一下什麼叫悖論。廣義上，悖論是英語詞「paradox」的中譯，是疑難和困境等，有以下的含義。第一，它是違反常識，違背直

觀，似非而是的真命題。比如，人類曾經被「無窮」問題困擾了一個世紀，他們無法理解「無窮」，出現了「無窮小悖論」。在微積分剛剛被發現的時候，無窮小作為零可以略去，而同時又可以作為非零分母存在。在表面上看起來它非常矛盾，很像悖論。當時的英國大臣稱它是一個漂流著的鬼魂，它引發了第二次數學危機。但實際上，無窮小不是悖論，它是真實的，只是在當時的環境下不能被理解。還有「伽利略悖論」中所講的自然數的平方數，自然數的平方數顯然是自然數中很小的一部分，但是它可以和自然數產生一一對應的關係，數量是一致的，這與當時的理論是相違背和矛盾的，人們無法理解，於是產生悖論。事實上，這種意義上的悖論概念只是有悖於常識、直觀經驗等等，不屬於真正的悖論。第二，與公認的看法相矛盾的部分原則雖看起來似是而非，卻潛藏著深刻思想和哲理。比如，芝諾的四個悖論：「兩分法」、「阿基里斯與烏龜」、「飛矢不動」、「一半等於一倍」和中國古代楊慎的「今日適越而昔來」（今天到達越國而昨天就來了）。從地理意義上講是很奇怪的，但是我們變化坐標系，就會發現其實並沒有那麼奇怪。這些奇怪的說法中隱藏著智慧。第三，通過有效、合理的推導，得出了一些自相矛盾的命題，與當時普遍的常識和理論相衝突，在研究論證的過程當中得到悖論。比如一位老師對學生說，在下週一至週六的某一天，我將對你們進行一次出其不意的考試，你們不可能預先推知究竟在哪一天。從直覺上看，這樣的考試可以實施。但學生通過邏輯論證說，週五不可能是考試日。因為如果該考試安排在週五，則週一至週四都未考試，就可推算出在週五，該考試不再出其不意。同樣，週四也不可能是考試日。因為如果該考試在週四，則週一至週三都未考試，就可推算出在週四或週五；已知考試

不可能在週五，因此只能在週四，該考試也不再出其不意。類似地，可證明其餘四天都不可能是考試日。由此得到一個悖論：這樣的考試既可以實施，又不可能進行。但該老師確實在該週實施了這一考試，如下週二某一刻突然進行考試，也確實大出學生意料。悖論就是從一種看似合理的前提出發，通過看似有效的邏輯推導，得出有一對矛盾命題的等價式，即假設P推導出非P，反之亦然。這是一種嚴格的悖論，如說謊者悖論和羅素悖論等。

在中國古代，已經有一些類似於悖論或者本身就是悖論的事情。莊子提出的「吊詭」之說仍被臺灣學界作為悖論的代名詞。莊子曾說「夢飲酒者，旦而哭泣；夢哭泣者，旦而田獵。方其夢也，不知其夢也。夢之中又占其夢焉，覺而後知其夢也。且有大覺而後知此其大夢也，而愚者自以為覺，竊竊然知之。」也有莊生夢蝶的故事，人們無法分清楚什麼是夢境，什麼是現實。「是其言也，其名為吊詭」，這樣的思考和言論類似於悖論。我們現在再來看埃舍爾的一幅畫：從某個角度看，右手在畫左手，從另一個角度看，卻是左手在畫右手。我們無法明白到底是右手在畫左手，還是左手在畫右手。莎士比亞曾在《哈姆雷特》中說：「生存還是毀滅，這是一個問題。」埃舍爾的畫也是一個問題，與我們所說的悖論非常相像。

下面，我們講悖論的主要類型。首先是具有模糊性的連鎖悖論。古希臘麥加拉學派提出了如「禿頭論證」和「穀堆論證」等一系列連鎖悖論，即掉一根頭髮不是禿頭，掉兩根也不是禿頭，推至掉很多根，即使頭髮全部掉光也不是禿頭；一粒稻穀不是穀堆，兩粒稻穀也不是穀堆，推至很多粒稻穀也不是穀堆。這些人是聰明的思想家，他們的言論值得我們注意，他們不是在描述事實，而是在理解事實，並

在思維中理解、把握、刻畫它。另外，人們為了紀念傳說中的古希臘國王忒休斯的豐功偉績，不斷對「忒休斯之船」進行維護，或換個零件，或換個部件，但是長時間下來，人們開始懷疑這樣的行為是否還保留著原來的「忒休斯之船」。其悖論之處在於：一艘船部分零件被更換仍然是原來的那艘船，但是一艘船的全部零件被更換，那艘船就不是原來的那艘船了。一個東西自身的同一性標準是什麼？在什麼情況下，能說那個東西還是那個東西，標準是什麼呢？這樣一些問題叫作「連鎖悖論」，它與模糊性謂詞相關聯，如：「美的」、「醜的」、「大的」、「小的」、「高的」、「低的」、「聰明的」、「愚蠢的」等。還有一個以美籍華裔哲學家王浩命名的「王浩悖論」，即假設1是一個小數，「1＋1」也是一個小數，以此類推「1＋n」都應該是一個小數，因此所有的數都是一個小數。這是「連鎖悖論」的一個辯題。有一次，我跟北大的同學說：「『連鎖悖論』給我們的啟示是微小差別不斷累積和放大，可以造成巨大的差別。」比如同樣坐在教室裡上課的學生，他們此時此刻的差別可能是很小的，但是有些人的人生是一步一步向上的，而有些人的人生則是達到一定高度之後反而往下走了，這些細小的差別導致很多年之後，有的人可能會身居要職，而有的人可能會在社會底層苦苦掙扎。所以，適當注意你人生的每一小步。而這些是否與我們標準的邏輯、標準的語義、標準的哲學問題仍然適用？這其中涉及一個重要的邏輯規律——排中律，任何一個事物和命題，或真或假，有著明確的界限。比如，任何一個人或者是華科大的學生，或者不是華科大的學生；任何一個人是共產黨員，或者不是共產黨員，這裡的標準是很明確的。但是像「聰明」、「愚蠢」、「漂亮」、「醜陋」、「禿頭」、「大的」、「小的」等模糊性的謂詞，它們的

標準難以確定。因此，有人說對於它們這樣的一些謂詞，標準已經不能適用了。我們要為這些謂詞創立新的邏輯規律——多值邏輯，即百分之幾的真實，還要建立模糊數學、模糊邏輯、模糊幾何論等一系列邏輯和概念。但是實際上，在我們的自然語言和日常語言中很少存在標準的邏輯，比如年輕人、老年人、中年人等，標準的邏輯、標準的語義、標準的哲學等都將被模糊所取代，這種情況所付出的代價是十分巨大的。牛津大學的一位教授在他所出的一本書中提到：「事物本身存在的狀況並不模糊，存在著明顯的界限，模糊性來自我們對事物本體論狀況的無知，來自我們人類認知能力的有限性。」比如谷堆與非穀堆的區別，零粒稻穀和一萬粒稻穀之間的差別，零粒稻穀不能稱作穀堆，但是一萬粒稻穀可以稱作穀堆，它們之間存在的界線就在零到一萬中的某個自然數，而這是人類無法認知和了解的。所以，模糊性並不是事物本身就存在的，而是產生於人類認知能力有限和無知。這種觀念的好處就是維持我們標準的邏輯、標準的語義、標準的哲學問題不變，但付出的代價就是：承認人類認知能力的有限性，承認存在著某些不可知的真理，至少是一種有節制的不可知論，在世界上有某些真理是人類所不可知的。這與馬克思主義所提倡的可知論相矛盾。雖然馬克思主義哲學承認存在我們目前不可知的事物，但不承認原則上不能被我們認知的事物，因為它受制於人類物種的無窮延續，人類的認知也在這種認知當中延續下去，沒有永遠不可能不被認知的事物。然後，是具有無窮性的芝諾悖論。芝諾是古希臘的一位哲學家，他提出了四個悖論，目的是證明運動不可能。這四個悖論如下。先談談二分法。假如你要達到某一目標，即從A點走到B點，要先走完路程的二分之一，再走完剩下總路程的二分之一，再走完剩下的二

分之一……如此循環下去，其中包含著無窮多個點，在有限的時間內，你無法經過無窮多個點，甚至都無法開始運動，更不可能到達運動的目標。而阿基里斯追不上烏龜是相反的。阿基里斯是奧運會的長跑冠軍，在比賽中，烏龜在他前面一段距離跑，他在後面追，他要想超過烏龜，首先就必須到達烏龜的出發點。而他在追的同時，烏龜也在跑，烏龜會製造出無窮個起點，它總能在起點與自己之間製造出一個距離，即使二者的距離越來越近，但只要烏龜不停地奮力向前爬，阿基里斯就永遠也追不上烏龜。還有飛矢不動的悖論：每個物體在與它等同的空間當中是靜止的，而飛著的箭都在任何一個特定的時間裡面，在與它自身等同的空間中，因此飛著的箭是靜止不動的。還有「一半的時間可以等於一倍的時間」：假定有三列物體，其中的一列為〔A〕，當其他兩列即〔B〕和〔C〕以相等的速度朝相反的方向運動時是靜止的，在它們都走過了相同一段距離的時間中，超越〔C〕列物體的數目要比它越過〔A〕列中物體的數目多一倍，因此它用來越過〔C〕列的時間要比它用來越過〔A〕列的時間要長一倍。但是它和〔C〕用於走到〔A〕位置的時間是相等的，所以一倍的時間等於一半的時間。芝諾用這樣的例子去證明運動不可能。這樣的言論不能用常識和直觀進行反駁，誠如恩格爾所言，這些悖論不是在描述和否認運動的現象與結果，而是要說明刻畫運動如何可能的原因，我們應該在思維和理智、理論中刻畫、理解悖論。哲學家常常思考一些根本性的問題，不是很容易就能將他駁倒。芝諾悖論不是否認運動現象，而是理解運動的原因，講在思維、理智中如何刻畫、把握運動，同時還涉及「無窮」。在思維中理解和把握「無窮」，這是很困難的，芝諾悖論實際上講的就是如何認識無窮。大數學家希爾伯特也發出這

樣的感嘆：「無窮！沒有任何其他問題曾如此深刻地觸動了人類心靈；沒有任何其他觀念曾如此有效地刺激了人類理智；也沒有任何其他概念比無窮的概念更需要加以澄清。」下面，我們就來看「無窮之謎」。從古到今，對「無窮」一直有兩種根本不同的理解，一種是實無窮：無窮作為一個序列，是已經完成了的整體，可以作為一個確定的對象來談論或研究，可以比較它們的大小。比如從1、2、3……數不完，我們談論自然數及其集合，就是把它當作一個整體來加以談論，這樣的觀念叫實無窮。另一個是潛無窮。無窮作為一個序列，是未完成或完不成的，處於不斷構造過程當中，是一個無窮延伸的可能性，它不能比較大小，但是它的每一個片段是有限的，這是潛無窮。接下來我會講兩種不同的無窮所導致的結果。中國古代思想家也曾談及「無窮」問題。《尚書》中談道：「公其惟時成周，建無窮之基，亦有無窮之聞。」這個是說「至大無外，謂之大一；至小無內，謂之小一」，「至大」相當於無窮大，「至小」相當於無窮小，其中還涉及無窮可分的「一尺之棰，日取其半，萬世不竭」，這些和芝諾談的問題類似。「無窮問題」曾經困擾了一些時代優秀的哲人，現在還在困擾著哲學家們。伽利略是科學史上一個重要的人物，他就被無窮問題所困擾。當時人們認為，整體在數量上大於或多於部分。但伽利略發現，假如自然數序列無限延伸，自然數序列與其平方數的序列之間能夠建立一一對應，即自然數與作為其中很小一部分的平方數一樣多：$1，2，3，4，5，6，\cdots，n，1，2^2，3^2，4^2，5^2，6^2，\cdots，n^2$。伽利略對此現象迷惑不解，他和後來人在很長時期內不能給出合理的解釋。對無窮問題的革命性變化，來自德國數學家康托爾，他提出了實無窮的概念，在此基礎上建立了集合論和超窮數理論。當然，關於無窮的

革命不是由他一個人獨立完成的，但是他的觀念與當時主導的數學觀念不符，遭到了以他的老師克羅內克為首的一些人的激烈反對。克羅內克是一個潛無窮論者，他認為無窮不是一個完善了的整體，是一個以自然數為首的後面持續不斷的過程，不是一個完成了的東西。克羅內克批判康托爾說：「你這不是在做數學，而是在做神學。」另外，當時一位著名的法國哲學家則認為他的集合論根本是一種病態。由於各方面得不到認可，康托爾一度精神崩潰。直到晚年，他的理論才被認可，而他本人十分堅信他的理論的正確性。我們都知道集合，集合有兩種形成辦法，一種是列舉法，舉出集合裡有哪些元素，比如1，2，3，4，5，6，7……另一種是合化內涵法，假設S是一個集合，表示華科大在籍的學生，那麼符合這個條件的就是這個集合。兩個集合A和B，能夠建立一一對應，就說A和B能夠形成等式，等式的集合擁有相同的基數，元素是一樣多的。而無窮集合則是當且僅當A與它的真子集建立一一對應，自然數集、有理數集、實數集都是無窮集。通常，用零表示自然數的基數，任何能跟自然數集產生一一對應的集合的基數都是阿列夫0，只要任意真子集的基數都是阿列夫0。有兩所旅館，一所是有窮多的房間被有窮多的客人住滿了，又來了有窮多的人住店，老闆只能說：「對不起我們已經住滿了，你們到別的地方看看吧，歡迎你們下次再來！」現在，我們假設有一所帶有無窮多房間的旅館住了無窮多的客人，又來一個客人來住店，怎麼住？又來一百位客人住店，怎麼住？又來一個旅遊團住店，怎麼住？又來無窮多個客人，怎麼住？在無窮世界裡卻完全可以做到，整個安排的過程是：只要把1號房間的客人搬到2號房間，2號房間的客人搬到3號房間，N號房間的客人搬到$N+1$號房間，這樣，新來的客人就可以住進已被騰出

的1號房間了。以此類推，又來了無窮多個客人，把N號房間的客人搬到2N號房間，這樣一來，所有的奇數號房間都騰了出來，把新來的有無窮位客人的旅行團安排進去了。以此類推，阿列夫0加1是阿列夫0，阿列夫0加任意的N等於阿列夫0，阿列夫0乘2等於阿列夫0，阿列夫0乘N等於阿列夫0。無窮很神奇，並且它們之間可以比較大小，自然數集、有理數集、整數集是最小的無窮集，它的基數是阿列夫0。阿列夫0之方等於阿列夫1，如實數集、點集等，阿列夫1之方等於阿列夫2……分為第一級的無窮，第二級的無窮，第三級的無窮，第四級的無窮。人類對無窮的探索遠沒有結束，究竟採取實無窮的理解還是潛無窮的理解，仍然存在著激烈的爭論。數學哲學中，有構造主義者、直覺主義者、有窮主義者。有窮主義者絕不承認實無窮；直覺主義者不承認實無窮，只承認潛無窮。我的從普勒斯頓大學畢業的同事葉峰就是一位有窮主義者，他認為實無窮無法得到經驗證據證明其存在，其結果就是排中律不再有效，意味著很多數學證明方法不再有效，比如說反證法。還有一個觀點是存在等於被構造，說物件存在，就要把它構造出來或者把它找到。如果不能被構造或找到，怎麼證明它是真的？排中律中的真假問題，其背後有一套假設，即語言系統和獨立於語言系統的物件系統，語言系統描述物件系統的狀況，物件系統裡面的狀況決定我們所說出的任何一句關於這個系統的話是真的還是假的，這與我們知不知道它是真的還是假的沒有關係。亞里斯多德關於真假有一個樸素直觀的見解：「所視者為是，非者為非，是真的；所視者為非，非者為是，是假的。」世界的狀況決定我們的真假。這些仍然在被爭論著，哲學的世界很複雜。我們再來看埃舍爾的這幅畫：有兩個視角，一個是上樓者的視角，從這個角度看有一個穹

頂並有一些裝飾物；從下樓者看，則是別的什麼東西。現在，我們就來談談「說謊者悖論」。西元前六世紀，克裡特哲學家埃庇米尼得斯說了一句很有名的話：「所有克裡特人都說謊。」這句話之所以有名，在於它沒有答案。因為如果埃庇米尼得斯所言為真，則跟先前假設此言為真相矛盾；如果此言為假，也就是說不是所有克裡特人都說謊，自身也是克裡特人的埃庇米尼得斯就不一定是在說謊，就是說這句話可能是真的。但如果這句話是真的，又會產生矛盾。因此這句話是無解的。如前所述，從埃庇米尼得斯所說的「所有克裡特人都說謊」為真，能推出它為假，從它為假卻不能必然推出它為真。有人將其改述為「強化的說謊者悖論」：一個人說了唯一一句話，即「我正在說假話」。可以推知，這句話是真的，當且僅當它是假的。說謊者悖論在當時就引起廣泛關注。據說，科斯的斐勒塔潛心研究這個悖論，結果把身體也弄壞了，瘦骨嶙峋，為了防止被風刮跑，不得不在身上系上鐵球和石塊，但最後還是因積勞成疾而一命嗚呼。而它的變體就是「明信片悖論」或者「卡片悖論」：蘇格拉底說柏拉圖說假話，柏拉圖說希瑟羅說假話，希瑟羅說蘇格拉底說假話，他們之間到底誰真誰假。比如有五個命題，最後一個命題說：這裡假命題比真命題多，這就是說謊者悖論。語義學悖論就牽扯到真假、指稱等等。羅素說，劍橋圖書館的館員發現了一個悖論：有些數要用很多的字或詞定義出來，用少於某個數的詞就不能定義出來。比如用少於十八個字就不能定義一個最小的整數，而它本身就用十七個數定義了這個數，這本身就是一個矛盾。還有格雷林悖論題：我們有很多形容詞，在進行分類時我們發現它們是可以用於它們本身的，比如「名詞」本身就是名詞。這些詞本身是對自己適用的叫作「自謂詞」，對自己不適用的

叫作「非自謂詞」，但形容詞本身是「自謂的」還是「非自謂的」？這是很嚴格的悖論。這裡就涉及悖論是如何產生的。一個後來入籍美國的波蘭哲學家認為這樣的語義悖論產生於兩個方面。一個是日常語言的普遍性，又叫語義的封閉性。自然語言是一個無所不包的世界，我們用它來作為工具。另一個就是通常的邏輯推理規則在其中成立。改變這個邏輯不好，要改變語言的已封閉性，就要把語言分為幾個層次。還有一個美國哲學家、邏輯學家提出新的語義學，並解決了當時的問題。我們再看埃舍爾的一幅畫：圖畫中蜥蜴逃離圖畫後，打了一噴嚏，又回歸到圖畫當中。他的畫很特別，有一個創造性。回到悖論中，我們來講邏輯數學悖論，其中著名的就是「羅素悖論」。集合論中有這樣一個規則：對於任意的一個X，X屬於某一個集合，當且僅當X具有某種性質或者滿足某個公式A，在這個事件中任意給出一個性質，就可以轉出模型或集合。當X不屬於A，我們可以創造一個集合：對於任意的集合$X=S$，當且僅當X不屬於S，一個集合是自己的元素。這是羅素悖論。其中用日常語言就是「物以類聚，人以群分」。有很多的集合，但其本身不屬於那一類，不以自身為元素的集合。這個悖論提出來，導致第三次數學危機。後來，羅素對這個悖論做了更通俗的表述：假設某村莊有一位理髮師，他規定：給且只給本村莊中不給自己刮鬍子的人刮鬍子。那麼，他究竟給不給自己刮鬍子？如果他給自己刮鬍子，按照他的規定，他不應給他自己刮鬍子；如果他不給自己刮鬍子，也按照他的規定，他應該給他自己刮鬍子。由此得到悖論性結果：他給自己刮鬍子，當且僅當他不給自己刮鬍子。這被叫作「理髮師悖論」。但是，人們可以很容易找出擺脫此悖論的途徑。或者這位理髮師不是該村村民，他提出的規定對他本人不

適用。或者他是該村村民，則有兩種可能性：他頒布了一條自己無法執行的規定，等於說了一句像「我能夠拔著自己的頭髮上天」這樣的瘋話；或者，她是一位女士，不必給自己刮鬍子。在其他悖論的情況下，常常不那麼容易去否定導致悖論的某個前提或結論。所以，「理髮師悖論」與「羅素悖論」無法相提並論。下面，我們來講一下認知悖論。古希臘時期，有一個由一個富家子弟和一個哲學家引起的「美諾悖論」：一個人既不能研究他所知道的東西，也不會研究他所不知道的東西。他不能研究他知道的東西，因為他知道他不用再研究；他不能研究他不知道的東西，因為他不知道他研究的是什麼。所以研究工作或者沒有必要，或者沒有可能。這不是一個嚴格意義上的悖論，因為知道東西和知道東西的答案是不一樣的。還有「序言悖論」。一位嚴肅認真的學者認為寫進他書裡的每一句話都是真的，但是在序言中他又會向有關人等，如妻子、秘書、編輯、朋友等表示感謝之後，就書中可能出現的錯誤預先向讀者表達歉意，那就是他相信他書中至少有一句話是假的。這兩個信念孰真孰假？這就是序言悖論所涉及的關鍵：能不能由相信P、相信Q推導出相信P且相信Q？如果相信那就是矛盾的。

雖然還有很多悖論要講，但是由於時間原因。最後，我來講一下悖論的意義。第一，悖論以觸目驚心的形式向我們展示了：我們的看似合理、有效的「共識」、「前提」、「推理規則」在某些地方出了問題，我們思維的最基本的概念和原則在某些地方潛藏著風險。揭示問題總要比掩蓋問題好。第二，通過對悖論的思考，我們的前輩提出了不少解決方案，由此產生了許多新的理論，它們各有利弊。通過對這些理論的再思考，可以鍛鍊我們的思維，由此激發出新的智慧。第

三，根據悖論的不斷發現和解決去重新審視和敘述科學史與哲學史，不失為一種獨特的視角。第四，對各種已發現和新發現的悖論的思考，可以激發我們去創造新的科學或哲學理論，由此推動科學的繁榮和進步。最後，更重要的是，通過對悖論的關注和思考，我們可以養成一種溫和的、健康的懷疑主義態度，從而避免教條主義和獨斷論。這種健康的懷疑主義態度有利於科學、社會和人生。

2010年於華中科技大學演講

馬瑩根據錄音整理

邏輯學和理性精神

陳　波　北京大學哲學系教授

　　大家好，我想通過這一兩個小時的時間為大家勾畫一個邏輯學的基本輪廓，對理性的基本要求，使大家對邏輯學有一個基本的了解。我這一講也相當於關於邏輯學的潑墨山水畫。我要講三個問題，第一，邏輯學的基本要素；第二，推理形式和邏輯類型；第三，邏輯的基本規律。

▌ 一、邏輯學的基本要素

　　什麼是邏輯？從前幾年《讀者》上的一個笑話講起。A和B在某酒店就餐，看見C溫文儒雅就猜測C的職業。A走過去與他交談。

　　A：「先生，請問您的職業是什麼？」

　　C：「我是邏輯學家。什麼是邏輯？我舉個例子，您養金魚嗎？」

　　A：「是的。」

　　C：「你的金魚養在魚缸，還是養在池塘？」

　　A：「我養在池塘。」

　　C：「如果您家有一個池塘，那您必然有一個不小的花園，既然有不小的花園，肯定也有一個不小的房子。」

　　A：「是的，我的住房是一棟獨體別墅。」

C：「您的房子既然如此奢華，肯定不是一個人單獨居住。」

A：「對呀，我和我的妻子、三個孩子、四條狗，以及兩個保姆一起住。」

C：「那您肯定有很好的性生活。你看，我從你養金魚可以推斷出你有很好的性生活，這就是邏輯學。」

A覺得很有道理就回到了自己的座位，B問：「你們談了這麼久，他的職業究竟是什麼？」A說：「他是個邏輯學家，什麼是邏輯學，我給你舉個例子。你養金魚嗎？」B說：「不養。」A由此推斷說：「那你肯定沒有很好的性生活。」

這是一則笑話，卻涉及邏輯學的本質。邏輯學涉及思想的活動、變化和遷移，一個思想活動變化為其他的思想，思想之間的活動變化和遷移要遵循一定的程式，方法和規則，常常以推理和論證的形式出現。邏輯學就是研究如何去推理、論證的科學。這一切在某種意義上都是理性精神的體現，所以我們可以說邏輯學是對理性精神的培養和訓練，這就是我今天所要強調的主題。邏輯學要告訴我們什麼樣的推理和論證是好的、安全的、有效的，哪些是不好的、不安全的、無效的，並教會我們區分好壞推理論證的標準、規則、程式和方法。不管你是知識分子、物理學家、科學家，還是商人、工人、農民，在日常生活中都要進行推理論證，好的推理基本對任何人都是很重要的，因此邏輯學在一五〇〇年前歐洲中世紀的大學裡就被列為七門必修課之一，直到今天為止，邏輯學依然是大學教育的中心學科。

我們先講什麼是推理論證，推理就是由一些已知的思維命題去推導出新的命題的過程，或者思維形式，其中已知的命題是前提，得出的新命題是結論，這中間就是一系列的推理。例如，所有的金子總是

會閃光的，所以會閃光的都是金子；這中間有一個前提和一個結論。所有大學生都是聰明人，所有華中科大的學生都是大學生，所以所有華中科大的學生都是聰明人。這是由兩個前提推導出一個結論，這是三段論。在古希臘，有一些人被稱作智者，他們的任務就是傳授辯論技巧、文法修辭，教人打官司，收徒講學，並以此謀生。古希臘有一個著名的雄辯家叫普羅塔格拉，素以「智辯」著稱，同時有個叫歐提勒斯的男人，他向著名的辯者普羅塔格拉學習法律知識和辯論技巧。由於歐提勒斯家裡比較窮，不能一次性付清學費，於是他與普羅塔格拉約定一個協議：歐提勒斯分兩次把學費付清。入學時交一半學費，畢業後，打贏了他出庭的第一場官司，就付另一半學費。可是，畢業後，歐提勒斯並沒有從事律師行業，一直沒有歸還另一半學費，於是普羅塔格拉不耐煩了，就向法庭起訴歐提勒斯。法庭上，普羅塔格拉非常得意地說：請法官直接宣布被告敗訴，付錢給我！因為如果我贏了這場官司，按照判決，我應該得到另一半的學費；如果我輸了，按照協議，我仍然應該得到另一半學費。所以，不論我輸或者贏，歐提勒斯都應該支付另一半學費。法官一聽，覺得很有道理，於是他問歐提勒斯：你還有什麼話要說嗎？歐提勒斯微笑著說道：「尊敬的法官大人，我不應該支付這筆學費。因為如果這場官司我打贏了，按照判決，我不用支付；如果我官司打輸了，按照我和老師的協議，我仍然不用支付這筆學費；所以，無論如何，我都不用支付這筆學費。」這其中既涉及法律問題，也涉及邏輯問題。接下來我們做一個互動：如果你是這個法官，你會如何裁決這場官司？

我們首先來看一下他們所訂立的這個合同，是學生畢業後打的第一場官司贏了才支付另一半學費。到目前為止，學生還沒有違反合

同，因此他起訴學生的理由就是不成立的，所以我會駁回這個案件。這兩個人的思維模式在邏輯學中稱為二難推理，即給對方設定兩條道路把對方逼進死胡同。這兩個人都使用的是二難推理，為什麼得出了完全不同的結論？這兩個官司是由於合同的訂立，他們推理最後達成約定是依據兩個標準：一是合同標準，二是法庭判決。實際上法庭判決也必須依據合同的規定，所以最終的標準就是他們訂立的合同。

假設任何一條魚都比小於它的魚遊得快，所以有一條最大的魚就有一條遊得最快的魚，這也是一種推理。還有其他例子：從我出生的第一天起太陽就從東方升起，第二天太陽從東方升起，第三天太陽也是從東方升起，所以太陽總是從東方升起。這個推理是基於先前的感覺經驗，依據觀察得到的證據做出某種概括預測。還有一種推理結論：吝嗇的人是瞎子，因為他只看見金錢看不見財富。這是來自法國著名作家雨果的一段推理論證。

推理可以分為兩大類：一種是演繹推理，另一種是歸納推理。演繹推理就是從一般性的前提出發，通過推導即演繹，得出具體陳述或個別結論的過程。歸納推理就是從一般性的經驗事實歸納出一般性的規律，對未來做出某種預測。研究演繹推理的邏輯叫演繹邏輯，研究歸納推理的邏輯叫歸納邏輯。但不是所有的推理都是好的、安全的，就像我們舉的第一個例子。它的模式是若P則Q，我們可以從P推到Q，但不能從非P推到非Q，後面的這種情況肯定是無效的。什麼是好的、有效的推理，就是能夠保證我們從真的前提出發得到真的結論。這就是邏輯學上安全的推理，只要我從真的前提出發，按照一定的邏輯程式、規則，一定能夠得到真的結論。反之，有些推理從真的前提出發，按照一定的規則得到了假的結論，這就是不安全的推理。

邏輯學要把有效的推理和無效的推理區別開來，它不可能一個一個地告訴你，這個是有效的那個是無效的，一定是有一定的方法程式和規則讓你去區分。面對一個推理，你自己就能鑑別它是否有效、安全。

如果我們按照一定的程式得到了一個錯誤的結論，那往往就會反推是前提出了問題，如果邏輯本身有問題是不能繼續推理的。還有一個反三段論，如果從兩個前提得到了一個結論，假如結論不成立，已知推理的邏輯程式沒有問題，其中一個前提是正確的，那麼另一個前提一定有問題，這都是建立在推理程式是正確的基礎上。舉個例子，如果所有的鳥都會飛，而且鴕鳥是鳥，那麼鴕鳥就會飛；如果鴕鳥不會飛而且它天生是鳥，那麼並非所有的鳥都會飛。我曾經在一篇文章中寫過貧窮對人的心靈世界的戕害，對人的人格尊嚴的損傷，如果可以通過合理合法的途徑使自己富有，這是非常好的事情。正因為推理是有效的，如果我們從某些前提出發推出了假的結論，那麼用邏輯的方法反推回去，就會得出其中有一個前提是假的。邏輯就是要將有效的推理和無效的推理區別開。邏輯學研究推理和論證。論證是指用某些理由支持或反對某些觀點的思維過程或語言形式。這其中包括論點、論據、論證方式。例如：每年有六千人死於醉酒，有四千人死於開車，但是只有五百人死於醉酒開車，因此醉酒開車比單純的醉酒或開車更安全。我們都知道這個推理是有問題的，但是問題到底出在何處？問題就出在它只用死亡資料的多少來判定某種行為模式的安全性。如果X在過去一段時間內一直未做成Y，則X不可能做成Y，這就是上例中的假定。這個假定明顯不正確，第一百次失敗了也許第一〇一次就成功了。這就是邏輯學家所做的事情，邏輯學要求你講道理，教你如何識別出別人不講道理。

莊子有一個論證，兩個人爭辯難以分出勝負，結論是辯無勝。辯論的勝負需要裁判來裁決，在兩個人的辯論過程中沒有人能夠當裁判，與我意見相同的人不能當裁判，與你意見相同的人也不能當裁判，與你我一點都不同的人也不能當裁判，與你我意見相同的也不能當裁判，沒有裁判就無法分出勝負。辯論需要一個裁判，沒有人能夠當這個裁判，所以辯無勝。這就是他論證的結構，大家可以思考這個論證是否成立。推理和論證在本質上是相同的，在講道理的過程中就使用推理，把你的理由按照邏輯的方式來推出你的結論。但論證常常不是單線的推理，是複雜的結構，從正反兩個方面講道理，用事實證據，利用資料統計來講道理等等。所以論證常常是一連串不同推理形式的複合結構，表現為一個推理系列，是複雜的推理。論證和推理也有區別，推理可以在假命題之間進行，可以從假前提出發進行合乎邏輯的推理，這就是歸謬法。反證法從假命題出發，舉個例子，所有的人都是猴子，孫悟空是人，所以孫悟空是猴子。很明顯，這個推理的過程是沒有問題的，但前提是錯誤的。推理的目的在於說服，有時候是自己給自己講道理，有時候是說服他人。怎樣才能發揮這個作用？論證必須從真的前提或者至少是雙方都相信的前提出發，因此邏輯學有一套關於論證的規則。要保證一個推理的有效性，必須滿足兩個條件。一是前提為真；二是推理過程合乎邏輯。我們用什麼辦法反駁對方的觀點：第一，直接反駁他的結論，直接不同意對方的結論，展開獨立的論證；第二，對方觀點的成立依賴于前提的成立，你反駁他前提不成立、論據不真實，削弱他的論證；第三，反駁對方的論證方式不合邏輯，即使你的前提為真，你也不能推出這個結論。

■ 二、推理形式和邏輯類型

推理是由命題構成的。第一種是單個的命題。華中科技大學有美麗的校園，我們把它看作一個命題P稱為原子命題；華中科技大學有聰明的學生，我們把它看作另一個命題Q；我們用邏輯連接詞把這兩個命題連接起來，如用「並且」、「或者……或者」、「如果……則」、「只有……才」、「當且僅當」等連接詞。我們研究這些複合命題之間的邏輯連繫及其推理，由此得到邏輯，就是論題邏輯。我們前面談到了古希臘師徒兩人的推理問題，兩個人的立場相反，但兩個人的思維結構、基本推理模式都是一樣的。物理學家的推理、化學家的推理、農民的推理、工人的推理，他們的內容和結論都不同，邏輯學家絕不可能去研究千奇百怪的內容，他抽象地去研究某種結構模式，然後分析什麼樣的結構模式能夠保證結論的推導，這種結構模式就叫推理形式。在歐洲中世紀，基督教神學佔有絕對的統治地位。一個觀點是上帝三位一體，牧師宣揚上帝萬能，有人就問牧師：「您說上帝是萬能的，但我有一個問題想不清楚，上帝能不能創造一塊他自己舉不起來的石頭？」大家認為這個論證能不能證明上帝不是萬能的？在邏輯研究中有專門的問證邏輯，當我們在問一個問題的時候，我們總是會有一個假設。在前面這個問題中他首先假設了有一件事情是上帝所不能做的，就已經預設了上帝不是萬能的。所以這個推理並不能證明上帝不是萬能的。

還有一個很重要的推理模式是歸謬法，如果從一個問題出發能夠推出自相矛盾的或者非常荒謬的結論，那麼這個問題肯定不成立。如果P推出非Q，P和非Q是相互矛盾的，這在邏輯學中是不允許的，所以P肯定不成立。這是一種反駁的方法，以退為進。你既然主張這一

點，那就應該承認這一點，但這一點非常荒謬，這是從你的命題推出來的，那你的觀點就不成立。還有一種是主張P，不論你怎麼論證，我只承認P，這就是強詞奪理，我們必須正面論證。還有一種以退為進的論證法，先假設命題非P，由此推出很荒謬的結論，那非P是不成立的，P就是成立的。

你們在考雅思、託福時經常遇到邏輯分析題，有甲、乙、丙、丁、戊五個人，每個人頭上戴一頂白帽子或者黑帽子，每個人只能看見別人頭上帽子的顏色，而看不見自己頭上帽子的顏色。並且，一個人戴白帽子當且僅當他說真話，戴黑帽子當且僅當他說假話。

甲說：「我看見三頂白帽子、一頂黑帽子。」

乙說：「我看見四頂黑帽子。」

丙說：「我看見一頂白帽子、三頂黑帽子。」

戊說：「我看見四頂白帽子。」

假設甲說的是對的，則甲戴白帽子；甲說乙、丙、丁、戊中有三個人都戴白帽子，那這三個人都說真話，也就是有四個人戴白帽子，一個人帶黑帽子。那乙說有四頂黑帽子就是假的。那就應該乙戴黑帽子。丙、戊都說真話。但是丙說的又不符合，所以斷定甲說的是假的，甲戴黑帽子。假設乙說的是對的，則乙戴白帽子；其餘四人戴黑帽子，都說假話。但是丙說有一頂白帽子（乙），有三頂白帽子（甲、丁、戊）又是符合事實的，所以斷定乙說的是假話，乙戴黑帽子。那麼戊說看見四頂白帽子，是假話，所以戊說的是假話，戊戴黑帽子。假設丙說的是對的，那麼一白（丁）三黑（甲、乙、戊），則丙戴的是白帽子。綜上：甲、乙、戊戴黑帽子；丙、丁戴白帽子。這就是歸謬反證法。我們是把單個的命題作為原子命題不再進行推理。

假設所有的金子都會發光為命題P，所有閃光的東西是金子為命題Q，就變成了P推出Q似乎是不成立的。我們要打破命題，把這個命題分為幾個部分，因此我們需要有新的分析命題的方法。第一種方法是對命題所有的金子都是閃光的進行分析，主語是「金子」，「閃光的」是謂詞、「是」或者「不是」是係詞，量詞是「所有的」。有的S是P；所有的S不是P；有的S是P；有的S不是P。這樣的命題，我們叫作性質命題或者叫作直言命題。研究直言命題的邏輯關係叫作直項邏輯。研究主項、謂項、質項、量項各個成分之間的關聯進行推理。最典型的就是三段論，即由共同的直項把前面的兩項連接起來得到一個共同的結論。例如所有成功人士都是專心工作的人，所有專心工作的人都不是心猿意馬的人，所以所有非成功人士都是心猿意馬的人。這個推理依賴于幾個直項之間的關係。在所有的三段論中必須有一個共同的項就是我們用字母表示的，用它做橋樑連接兩個命題。但我們日常生活中有很多多義詞會影響命題的有效性。例如人是由猿猴進化而來的，張三是人，張三是猿猴進化而來的。其中前一個「人」是一種物種，後一個「人」是具體的。

　　魯迅曾舉例：「賣國賊是說謊的，所以你是賣國賊。我罵賣國賊，所以我是愛國者。愛國者的話是最有價值的，所以我的話是不錯的，我的話既然不錯，你就是賣國賊無疑了！」這就是詭辯，給你造成了講理的假象，但講的都是歪理。在邏輯學上有兩大問題：第一，典型的循環論證在邏輯上是無效的；第二，依據三段論形式，反駁荒謬推理的最好方法就是歸謬法。對於分析推理來說，有些推理是不能分析的，比如說簡單的關係推理，李強比張三大，張三比李四大，所以李強比李四大。也不能用詞項邏輯推理，這講的是各個個體之間的

關係。我們要提出新的分析方法，對個體之間的關係進行分析，對命題結構進行新的分析。首先有一些個體之間發生了關係，有變項x、y、z，常項a、b、c，未知符號f、g、r、s，量詞「所有的」、「有些」，以及一些連接詞。舉例：所有的熊貓都是珍稀動物，對任意的x來說，如果它是熊貓，那它就是珍稀動物。有的投票人贊成所有的候選人，存在這樣的x，並且對於任意的y來說，x贊成y。然後我們制定一套固定的程式規則去區分有效的和無效的推理。這種邏輯叫謂詞邏輯，這是最基本的邏輯類型。還有一種是基於經驗概括的歸納邏輯，在感覺經驗的基礎上推斷出帶有普遍性和一般性的邏輯方法。最典型的就是S_1是P，S_2是P，…，S_i是P，（S_1，S_2，…，S都是S類中的全部分子），所以S是P。人類的很多知識都是這樣得到的。從有限的經驗出發，或者從已有的證據出發對未來進行推測。英國著名的邏輯學家、數學家羅素說：「三個單純而強烈的激情支配了我的一生：對愛情的渴望，對知識的追求，對人類苦難催肝裂膽的同情。這些激情像陣陣颶風，反復無常地將我卷襲東西，帶向深痛的海洋，推臨絕望的深淵。」最簡單的歸納推理就是簡單枚舉法。西方著名哲學家休謨最初寫下《人性論》無人問津，現在他卻成為哲學領域的重要人物。人們提出了休謨問題，即所謂從「是」能否推出「應該」，也即「事實」命題能否推導出「價值」命題。從有限經驗能否推出無限的結論，例如：我看到的所有的天鵝都是白的，我的姐姐哥哥們看到的天鵝都是白的，所以所有的天鵝都是白的。這樣的推論合理嗎？在很長一段時間裡，人們無法理解無窮的含義。你不能把關於有限的經驗直接推導到無窮的事物上去，這中間有巨大的邏輯斷裂。還有一個，你根據經驗推論，你說所有的S都是P，就對未來做出了預測。你能不能說一

個事物過去是這樣，現在是這樣，未來還是這樣。那你就是決定論者，未來是過去和現在的函數，這個推論在道德論、知識論上是不合理的。個人沒有自由意志和自由選擇，在道德上就變成你不能因為某個人做好事讚揚他，也不能因為一個人做壞事而批評他，這都是歷史必然性的產物，這顯然不符合我們的直觀感受。未來和過去還留有偶然性的空間，我們擁有自由意志，因此我們應該為自己的選擇負責。我們為什麼做歸納？事物之間是有關聯的，有一些具有層次的規律性的關係。休謨又問我們怎麼知道因果關係的，歸納推理沒有實際可靠的邏輯和必然的規律。我們關於世界的很多知識都是由此而來，那我們對世界的認識的根基是不可靠的，這個問題值得我們思考。有一個美國哲學家說休謨的困境就是人類的困境。

今天講了四種邏輯，研究如何推理論證，有不同的分析模式。一種是把單一的命題作為整體，用邏輯連接詞連起來，然後研究複合命題之間的關係。進入命題內部，斷定事物是否具有某種性質的簡單命題是性質命題，這樣的邏輯是詞項邏輯。原子命題分解成個體詞和謂詞，這是謂詞邏輯，它可以分析前兩種命題。歸納邏輯是我們基於觀察、實驗證據進行概括，獲得關於世界的帶有猜測性的推論。這是四種最基本的邏輯類型，在此之上，我們還可以進行擴充。比如說人必有一死，人不能提著自己的頭髮上天。這些命題中有必然、可能，這樣的邏輯叫作模態邏輯。帶有「應該」、「允許」、「禁止」等詞的命題叫道義命題，等等。英語是有時態的，可以研究時態命題。與人的認知態度有關的是認知邏輯。所有這些都是在原有幾種邏輯的基礎上推導出來的。

▋ 三、邏輯的基本規律

　　邏輯學最後是要求人按程式辦事，當發生分歧時，使我們能判斷對錯。我們現在談談理性精神必須滿足哪些基本條件，這是由邏輯的基本規律提出的。正確思維的根本假定，是理性交流溝通的必要條件。這四個規律定義了什麼是理性精神，是理性思維的構成條件。

　　第一個規律是同一律，在同一思維過程中，要求思想必須與自身保持同一性，即確定性。在一個思維過程中，概念保持同一，指稱物件是確定的。混淆概念，前面的例子張三是人，人是猿猴進化來的。偷換概念，在一家大眾旅館，一個商人被打牌的人弄醒，旅客善意地提醒：「這樣會影響別人休息。」打牌人說：「影響別人又不是影響你，關你什麼事。」模糊概念，有一個笑話：三個秀才進京趕考，路上遇到一個算命的，秀才們就問算命的他們當中有幾個人能考上，算命的不說話，只伸出一個手指頭。三個秀才覺得他挺深奧，互相看了看，按照自己的想法想了想，滿意地走了。別人問算命的：「你伸出一個手指頭是什麼意思呢？」算命的說，假如他們三個人中一個人考上，這個指頭就代表一個人能考上；兩個人考上了，這個指頭就代表一個人沒考上；三個人都考上了，這個指頭就代表沒有一個考不上；如果三個人都沒考上，這個指頭就代表一個也考不上。他的永遠正確就是建立在他的概念模糊之上。概念清晰對有效論辯是非常必要的，很多爭論的人在很多時候是由於對關鍵概念的不同理解。威廉・詹姆斯說，人們首先要討論的是什麼叫作「繞著轉一圈」，在此類問題裡，兩種觀點沒有一致的定義。日常生活中許多詞都是含糊的，沒有確切的定義。威廉・詹姆斯在《實用主義》一書中以「獵人和松鼠」的例子說明，很多爭論其實只是語義上的分歧，一旦含糊不清的術語

被精確地定義，激烈的爭論就變得很無謂。還有，在同一個思維過程中，命題必須保持同一，如果你在什麼意義上使用這個命題就必須保持，如果你要改變觀點就必須公開說明，不能偷換概念，一點點小的改變最後會造成巨大的差別。算命先生說「父在母先亡」，其中不僅有標點符號的問題，還可以進行時態分析，可以是對過去的描述，也可以是對未來的預測。在論辯中不能偏題、離題、跑題，要說A所以說B，又牽扯到C、D，就會導致逐漸和主題相差十萬八千里。例如，二十世紀八○年代安全生產會議的會議紀要，記錄如下：「時間不多了，我簡單講幾個問題。第一，物質文明；第二，精神文明；第三，關於形勢和問題；第四，關於綠化問題；最後是下個月的任務。」有人也說講課不是做論文而是寫散文，為了保證聽眾的注意力也可以「曲線救國」。在論辯的過程中，不能歪曲對方的觀點，否則就是「稻草人謬誤」。

第二個規律是矛盾律，即理性的思維不能自相矛盾，兩個互相否定的命題必有一個是假的。違反矛盾律就是自相矛盾。從前，楚國有一個人，他在街上賣矛和盾，他誇自己的矛說：「我的矛很鋒利，沒有什麼盾牌是它刺不破的。」大家半信半疑，沒有人理他。他見沒有反應，就把矛收起來，拿出一塊盾牌來，又說大話：「我的盾很堅固，沒有什麼武器能刺破它。」這時候，有人質問他：「如果用你無堅不摧的矛來刺你堅不可摧的盾，結果會怎樣？」那個人聽了這番話，覺得自己吹牛吹得太大了，只好滿臉尷尬地走開了。無堅不摧的矛與堅不可摧的盾，不可能在世上同時存在。這個人就犯了自相矛盾的錯誤。康德有一個道德的命題：你應該如此行動使你的行動成為普遍的行為準則。理性思維是不允許自相矛盾的，沒辦法繼續溝通是理

性思維的底線。一個理論、一個學說表面上沒有矛盾，你通過邏輯推理發現潛藏的矛盾，由此改進理論或者提出新的理論，這才是最重要的。邏輯培養的是對層次、秩序、結構的一種感覺，你一步一步地走，不是你學了邏輯才會有的，它已經滲透在我們各門學科之中。即使你不懂邏輯的概念名詞，你仍舊能夠合乎邏輯地思考，這是潛移默化的，就像你不學語法也能說話。從懵懂到知其所以然是巨大的飛躍，所以學習邏輯也是必要的。亞里斯多德提出，品質大的物體下落快。伽利略提出，若物體A的品質＝G，B的品質＝g（G＞g），按亞里斯多德的觀點，A比B快。如把A、B綁在一起，則平均速度＜A的原有速度。但是因為G＋g＞G，所以把A、B綁在一起的平均速度＞A的原有速度。正因為前後矛盾，伽利略提出，物體下落的速度與品質無關。有人不信，於是他在比薩斜塔上扔兩個重量不同的鐵球證明，結果當然是一起落地的。有一種特殊的邏輯矛盾悖論：如果這個命題是真的，但你可以用邏輯推出它是假的。例如，有人說：「我正在說的這句話是假話。」請問他說的是真的還是假的。

2010年於華中科技大學演講
陳俞蓉根據錄音整理

科學的起源

吳國盛　北京大學哲學系教授

　　科學來自西方，「科學」這個詞也是古代漢語中沒有的詞彙，它直接來自西文「science」的翻譯。這個翻譯不是由中國人造出來的。而是由日本人造出來的。在十九世紀後期，日本人把西方的「science」譯為科學。日本人對「science」的翻譯不一定很準確，「science」這個詞裡面並不一定包含「科」的意思。明末清初，西方不少學問傳到中國，當時的中國人把來自西方的學問稱為格致學。後來中國留日學生把日本人的翻譯帶回中國，就取代了中國原有的格致學這樣一個翻譯。現代的漢語中，日語漢語特別多，日語漢語就是用漢字但不採用漢字的意思。而且日本人用漢字來翻譯西方的語言，這些翻譯後來又傳回中國，成了現代漢語中的一部分。據不完全統計，現代的社會科學和人文學科術語中，大概有百分之七十以上來自日語漢語。我們今天耳熟能詳的那些科學名稱，像哲學、技術、自然、進化論、社會學、經濟學等都是來自日語漢語。大量的日語漢語充斥我們現代中國人的語言中，這是有很大問題的，對我們現代的思維會有很大影響，因為很多翻譯並不是很合適的，比如哲學。哲學來自拉丁文的「philosophia」，意思是「愛智慧」，將它翻譯成「哲學」，實際上是將它貶低了。哲是聰明的意思，哲學是聰明之學，所以學哲學就給人感覺是在要小聰明。所以現在哲學界也在反省，認為這個翻譯並

不很妥。有人認為「philosophia」應該相當於中國人所說的「大學」。中國古代著作「四書五經」中有一部經典就是《大學》，其中有句話說：「大學之道，在明明德，在親民，在止於至善。」這個學問很類似於希臘人開創「philosophia」的意思，日本人將它譯成哲學好像有點降低了。我們學哲學就好像為了學點方法論、竅門，應付人生的問題，這實際上有點貶低哲學，沒有把哲學應有的境界提出來。「科學」這個詞也是類似的，在中文裡顧名思義就是分科之學，雖然抓住了一點點意思，卻沒有真正領悟到其中的精髓。日本人當年有感於西方學問跟中國學問一個最大的不同，就是他們認為西方的學問是分科的，文史哲、政經法、數理化等等，而中國傳統的學問是文史哲不分，所以他們把「science」譯成科學。實際上，這種翻譯並沒有揭示「science」背後的含義。今天中國人用「科學」這個詞多了反而不知道其來歷在哪兒。中國人有個特點，如果能夠望文生義最好，這是中文的最高境界。但是從「科學」這個詞中卻看不出它的本來意思。

今天我們來研究在西方語境下的「science」到底是什麼意思，因為當代的中國對「科學」的理解有許多系統性的誤差。誤差有三個方面。第一個誤差是中國人了解西方的學問正好是處在中國人、中國社會一個特殊的時期，就是在一八四〇年以後西方列強用他們的蠻力敲開了中國的大門，使得中國人認為要向西方學習，要學習他們的科學，所以當時西方的科學就會等同於蠻力。所以今天的中國人對科學主要的理解還是離不開這個「力」字，比如說科學技術是第一生產力，仍然離不開武力、蠻力的內涵。我們經常說洋人之所以厲害，因為他們擁有堅船利炮，所以科學在很多中國人心目中首先是堅船利炮，在中國老百姓心目中標準的科學家就是錢學森。如果這個科學不

能造炮、不能造船，不能生產，那叫什麼科學？這是中國人對科學的第一個重要的誤解。這個誤解與我們中國人接觸西方「science」的歷史境遇有關，這個境遇導致我們理解科學就會將它看成是「力」。第二個誤差與中國傳統文化有關。中國傳統文化把科學看成是拿來用的，有種說法叫「中體西用」，「西用」主要講科學，科學被看作是工具性的。我們傳統文化中的「知識」總是要有所用，實用主義、實用理性很強，這導致我們對科學有一個廣泛的誤解，就是把科學看成是工具性的東西，把科學家看成是工具。第三個就是我們剛才說的，把科學理解成一門專業化的知識。不知是不是受語言心理學的影響，中國人用「科學」這個詞，加強了中國對科學學習中分科化的傾向。在西方，他們就沒有像我們的教育一樣，分科那麼嚴重、那麼早。我們國家甚至很多人在小學就被認為是適合學文科或適合學理科，到了高中就劃開了，到了大學就永遠分開了。這種分科化如此極端，不知道是不是跟「科學」這個詞有關係。所以我覺得今天我們要清算一下。

大家都知道，「science」這個詞首先指的是自然科學（nature science），在英語語境裡，如果是其他科學，則要加限定詞，如「social science」。但是「science」在英文裡的用法時間也並不長，大概在一八四〇年之後才開始大規模地使用，原因是當時的英語世界裡出現了一個詞「scientist」（科學家），有了這個詞之後，才開始大量使用「science」這個詞。在一八四〇年年之前被我們稱為科學家的那些人，像牛頓、納瓦西，一般稱自己為「nature philosopher」，管自己的事業叫「nature philosophy」。總而言之，他們把自己稱為哲學家，把自己做的事稱為自然哲學。所以我們看，「science」與哲學綁定在一

起。這在我們中國人來看是不能理解的。在歷史上，科學和哲學是一回事，在很長時期內是一個意思。那麼「science」的詞根來自哪裡？「science」的詞根來自拉丁文「scientia」，而這個拉丁文的詞根來自希臘文「epistem」，它最基本的意思就是知識。從西方語言的語境中，我們可以看到科學本來的意思。第一，它是知識的意思；第二，它與哲學是一回事。這樣一來，我們就要追問一個問題。如果說科學就是知識的意思，科學與哲學曾經是一回事的話，那麼我們中國古代也有。我們中國也有知識階層、知識分子和哲學家，為什麼說科學是一種來自西方的現象？

我現在要告訴你們的是，只在西方世界存在一個強大的知識論權，把知識提到一個最高的高度，而在我們中國，知識始終不是一個最高的等次。我們的教育方針是德智體美勞共同發展，將德放在第一位，知識放在第二位。在我們中國傳統教育裡，知識不是最高的，我們經常說知識越多不見得越聰明，不見得越有德性，這是我們中國古老的一些智慧。但是今天我們已經把德育給丟失了，我們現在的德育已經轉化為某種特殊的智育，也就是政治課。在中國傳統中，德育被放在最高的位置，高於智育。但是在西方傳統中，始終有一個至高無上的智育傳統，這個傳統是西方文化特有的一種模型。希臘人有一句名言叫「認識你自己」，認為知識是最高境界，這和中國顯然不同。中國人是要講這個道、悟這個道，這個道不是簡單可以通過某種理性認識取得的，這在文化上的差別很大。通過簡單的中西文化對比，我們看一下為什麼在西方世界會出現這麼一個強大的知識論權，而為什麼中國則沒有。

這個強大的知識論權在不同的時代，內容也不一樣。在今天，是

我們狹義的科學技術占上風，是以數學化、實驗化為代表的自然知識成為科學傳統中最強勢的一部分。在中世紀，神學被認為是最強勢的科學。在古希臘時期，數學和哲學是最強勢的科學分支。在每個時代，強勢的科學分支不同，但都將知識作為最強勢的。所以我們要講講這個傳統的來龍去脈，但今天並不能把西方的整個科學傳統從頭到尾講一遍，只追溯它的起源部分——希臘部分，因為希臘是整個西方思想的源頭，更是西方知識傳統、科學傳統的源頭。

我們首先要扭轉一個看法，以為科學就是為了吃飯、為了打人的這樣一個傳統。過去我們很多人把科學看作是工具，看作是生產力，看作是用來填飽肚子、抵禦侵略的，這個看法是有問題的。科學是與特定的文化傳統、文化背景直接相關聯的，中國古代沒有科學傳統是因為中國的文化造成的（當然文化傳統並沒有好壞之分）。為什麼中國文化沒有誕生出科學傳統而希臘文化誕生了，這與人們的生活方式有關係，與人們對什麼是理想生活的認同有關係。從根本上來說，它來源於對人性的認同。文化之為文化，就在於提供這一套核心的生活模式。這個生活模式的核心實際上就是對人性的認同。總而言之，每一種文化都要提供這樣一種關係，文化與文化的差別就在於提供的這種生活目標和人生理想、規範是不一樣的。

中國傳統文化基本上是一種農耕文化，它的特點是與土地綁定在一起，認為遷徙是悲慘的，先民們採取一種血緣關係方式來構建文化秩序的途徑，所以本質上中國傳統文化是一種血緣文化。這種血緣關係主要表達的是一種親情關係，所以我們說它也是一種親情文化。西方文化在今天看來有兩大分支，一個是希臘文化，另一個是基督教文化（希伯來文化）。希臘文化代表它的科學那一支，基督教文化代表

它的信仰那一支。希臘文明的起源在希臘半島，這個民族本質上不是一個農耕民族，而是一個商業民族、遷徙民族，這個民族構建一個文化秩序靠的不是血親關係。我們現在的大學文化本質上來自西方，這個文化的特點是來自五湖四海，為了某一個目標走到一起，這樣構成的文化叫作地緣文化，它不是根據血緣關係來構造的。所以希臘文化本質上是一種契約文化。西方人將契約、條約、規則和法律看得非常高，因為這是他們文化中的基本要素。商業文化、地緣文化孕育的是契約文化，而我們中國則是農耕文化、血緣文化和親情文化。親情在中國文化中始終洋溢、蔓延著。而在西方文化中，各種條約、規矩構成他們的文化中的核心因素。這是兩種文化的一個根本區別。在這樣一個區別之下，一些思想家開始總結，要把它凝練成一種人性的說法。我們看到以儒家文化為代表的中國傳統文化，它就把親情文化體現到對每個人的要求上來。中國的人性理想是按照親情來體現的，一個人在多大程度上是一個大寫的人、偉岸的人，就在於他在多大意義上領悟愛、發揮愛，有愛心是人之為人的一個根本標準，所以儒家文化將人規定為「仁」。「仁者愛人」不是狹義上的男女之愛，它要廣泛得多。愛首先是親子之愛，然後擴展開來，「老吾老以及人之老，幼吾幼以及人之幼」。中國人認為愛是有差等的，首先是愛自己的父母、自己的孩子，再是愛別人。但中國的愛又是無邊的，講求「大愛無疆」。有差等的愛是不容易實現的，需要學習和特別的規訓才行，這種規訓就是「文」的方式，就是教化。儒家的文就是禮，即「克己復禮為仁」。通過反覆實踐這個禮，達成仁的理想，所以中國人的仁禮結構，就是以儒家文化為代表的人文結構，其中仁是人性理想，禮是教養、教化方式，所以中國是禮儀之邦。每一種文化都有一套理念來塑造人性理想，人性理想是文化中核心的價值。

希臘文化是一個契約文化，契約要求每個人都應當是一個獨立自主的個體，它將人之為人規定成自由。自由在西方文化中佔據核心位置，自由價值可以說是其核心價值，在西方文化中多個時期、多個年代以不同的方式一再強調「自由」。「自由」成了他們一個十分核心的理念，卻恰恰是我們中國人不能理解的東西。我們認為每個人都處在社會關係網路之中，認為每個人的工作都是整個群體有效的產物，不承認什麼獨立自主的個體，不承認有自由，認為自由就是胡來，這就說明了我們對自由不太理解。這種不理解在我看來是不能理解西方文化的根本，而更嚴重的是，不能理解科學的本質是什麼。在希臘，和人相對立的反義詞是奴隸，他們認為奴隸不是人，這在中國人看來也是無法理解的。希臘人認為「人之為人」的根本在於自由，沒有自由就不是人。按照中國人的觀點，沒有惻隱之心就不是人。雖然二者觀念不同，但是自由之謂自由，也需要教養、教化，體現在其相應的人文結構中，就是我們今天要說的科學。正像儒家的仁禮結構構成了中國古代的人文結構一樣，希臘的自由和科學結構也構成了希臘人和西方人的人文結構，這是我們今天要特別強調的東西。科學首先是人之為人的人性修養的一個方式，是一個特有的希臘式的方式，其目標就是為了要達成某種特殊的人性理想。所以我們說希臘的科學起源于希臘自由的人性理想，希臘人的科學是自由的科學。

　　那麼什麼是自由？為什麼自由與科學綁在一起？自由的意思是由他自己。自己是西方思想裡一個非常重要的概念。西方文化將自己看得很高，研究「物自己」始終是西方哲學難以繞開的一個問題。希臘人認為，要領悟什麼是自由，就必須要有自己的概念。自己實際上就是內在性。希臘的科學恰恰就是活在內在性的領域之中。內在性有兩個特點。第一個特點：它是完全非功利的。在希臘人那裡，學無用的

科學是褒義詞，無用性是希臘文化的一個最高的要求。真正的學問是以純粹性作為目標，純粹的科學必須是內在性的科學，必須是自身為自身著想的，而不是為任何別的東西著想。只有反復地學無用的科學，才能把自己變成一個自由民。第二個特點：希臘的科學必須是演繹的。知識分兩類，一類是演繹的，另一類是歸納的。演繹科學成了希臘科學的一個基本標誌，所以希臘科學本質上是論證的、推理的，是證明性的，它的目標是把理講通。理是具有自身內在邏輯的東西，找到理的內在邏輯、內在通道，這是希臘學術研究的一個基本任務。

　　希臘人給出了二分的一個世界，認為世界的一部分是現象世界，另一部分是本質世界。本質世界是道理通透的，而現象世界是混亂的。科學的任務就是透過現象看本質，就是從紛紜複雜的現象世界中抒出那個不變的規律，所以科學的目標是指向不變性、確定性，這是現代科學仍然繼承的理想。科學的目標是找方程，找方程就相當於找到了一個不變性公式，一個等式。所以希臘的科學造就了一個二分的世界，一個表像的世界和一個理性的世界。西方思想的整個脈絡都是在一個理念世界中打圈圈，這個理念世界後來又經歷了變種，在馬克思的哲學思想裡被稱為物質。理念即理念論或觀念論，又稱理想主義，實際上支配了整個西方思想，我們今天把它翻譯成唯心主義，這個翻譯是有問題的。西方思想的超越性就反映在「idea」（觀念）上面。

　　仰望星空是希臘科學精神的一個基本姿態。理念世界是不變的，是不運動的，是永恆不朽的。科學起源於希臘，來源於希臘人自由的人性理想，這種自由的人性理想當然和希臘人的商業文明、契約文化是有關係的。以自由作為科學展開的一個內在的動機和要素，這是導致希臘科學採取這種方式的一個根本原因，這種方式是完全超越功利

的、完全無用的，這種性質在人類歷史上各個年代都沒有過，只有希臘人是認可的。莊子說無用之用是為大用，這一點也不假。希臘科學在希臘時期是致力於玩，玩到近代，一旦西方人想用起來的時候，卻發現用處很大。圓錐曲線在希臘時期被研究得很透澈，原因卻完全只是出於對圖形本身的興趣，由此展開了各種各樣的幾何的特徵和可能性。雖然說這種研究在當時一點用也沒有，但到了一千多年以後，開普勒的研究轉向重新發現行星圍繞曲線類型時，試了許多曲線都沒有成功，但在最後試了圓錐曲線就可以了。所以說，如果沒有希臘人對圓錐曲線的研究，就沒有開普勒發現太陽系的行星運動是個橢圓軌道的成果。這就證明了我們之前說的無用之用是為大用，所以我們說非功利性是希臘科學的第一個特徵。內在的演繹要求的是一種對於事物本身的高度關注。如果腦子裡沒有事物本身的念頭，認為每一個事物就是為了某種用途而產生，認為事物就是為了為我所用，就致使我們不會關注事物本身的內在邏輯。演繹科學的出現是希臘科學對世界科學一個非常偉大的貢獻。

我們今天講科學的起源，講希臘科學的起源，實際上是要喚起大家怎樣突破近代中國人對科學含義的誤區和誤解。這些誤區和誤解在現代實際上有許多負面的影響，現代中國基礎學科搞不上去的一個根本原因就在於缺乏對希臘科學精神的基本體認，缺乏這種自由的研究精神。很少有科學家為了科學而科學、為了學術而進行研究，大部分人還是為了養家糊口，就是對科學精神的一個基本的不理解。

2010年於華中科技大學演講
梁青根據錄音整理

面對沒有憑據的人生：
現代性困境中的價值重建

劉　擎　華東師範大學歷史系教授

　　同學們晚上好！今天要談的是一個比較接地氣的話題。大家都知道，現在社會對這一代的同學們有不同的看法和評價。有人說這代人是自由的、獨立的、奔放的、有個性的，充滿了想像力；也有人說這代人被極度地溺愛，是頹靡的、迷茫的。這兩種說法都有一定的事實依據，你們是一個矛盾的存在。在流覽「八〇後」、「九〇後」的博客時，我發現一方面既有豪邁的東西，另一方面又有孤獨、鬱悶、煩躁之類的情緒存在。這樣一種矛盾現象是一個時代的徵兆還是青春期的徵兆？有人說，孩子長大了就不會這樣了。未必。我們大家都有過青春時代，很明顯跟「八〇後」、「九〇後」的感受不一樣。那麼，這是時代的徵兆是什麼意思？還有人說這兩個是共生的，用象聲詞來表達自己的感情，和動物的嘶吼一樣。我今天關心的不是這個問題，想說的是這樣一種文化對我們有什麼影響。主要有兩個方面：一是對一個人的安身立命、個人追求生命價值的影響。二是對社會的影響。然後我們需要知道其原因和應對方法。以我個人觀點來看，我們現在處於一種放任的個人主義文化中，我們做一件事情的理由只依據自己，而這個自己好像是最終的目的。我們有一個很強的自我做主的觀念，即尋找自我、自我實現。這種文化特徵有好的方面，但也會帶來一些問題。舉個例子，比如要實現真實的自我，有沒有問過：什麼是

真實的自我？如果把你和世界的一層層關係剝掉，你既不是父母的孩子，也不是某某的朋友，那麼你會發現自我是無法界定的。也就是說，如果你有一個很強的以自我為中心的價值觀，是找不到自我的。我再舉一些例子，我認為這些問題不是「八〇後」、「九〇後」的問題，是一個普遍現代化的問題。比如由於二十世紀三十年代金融風暴造成的搖滾樂、同性戀、文化經典反叛等問題。美國芝加哥大學的一個老師曾針對當時美國青年的現狀寫了一本書，引起了社會的大討論。他認為，這一代人簡直糟糕，他們背叛了西方的經典，正在走向墮落。但也有人反駁說，他是一個民族保守主義，看不到民主、自由和平等。這個問題和現代的中國很像，這是一個很大的問題，這個問題涉及自己的安身立命，而不是別人的。儘管口號上說「我的未來，我做主」，但是若真讓你自己做主，你會非常迷茫。正如你們的博客中所寫，前一天可能是豪情萬丈，後一天則會鬱悶極了，這是自由主義和自我辯證主義結合的因素，是一種分裂的現象。我不認為這種現象是青春期的徵兆，而是過度的自我中心，把自我作為一切價值的中心和目的是無法實現的。

其中涉及現代性問題，那麼現代性問題是什麼呢？全球化的中國有很深的西方文化的影響，而我們經常所說的「中國文化的崛起」是在什麼樣的環境下崛起呢？曾有一個加拿大學者說過，每一個時代都會有抱怨，認為世風日下，但是只有現代人才會有意義的失落即困惑和迷茫。但也有學者認為，這是啟蒙主義造成的。古代的世界中你不是孤立的，有一個大宇宙結構。他的意思是說，人神自然是一個整體，是有秩序的，人不能夠單獨地理解，人把自己放在一個大的整體結構之中，我們在這個宇宙中有一個位置，我們通過這個位置定義自

己，通過這個位置來尋找自己的意義。我們處在這樣一個結構之中，我們是有依靠的。現在發生了什麼事情？現在是嵌入的一種模式，把人從一個大的宇宙結構中拉出來。其間有四五百年的歷史，發生了文藝復興、宗教改革、科學革命、啟蒙運動等事情。直到希臘人的理性主義問到最後，科學評論起來了，把世界作為自己的物件來看。在這個物件化中，把自然世界客觀化，我們就從這個框架中跳出來了。宗教也是從自然神論到宗教改革，人不一定要通過教會抵達上帝，可以直接和上帝連接。

在科學革命和宗教改革的過程中有兩次脫嵌。一是人類中心主義的轉嫁。本來人是在宇宙萬物之中的，沒有自然改造，我們和自然是一體的。經過科學技術的發展，人類和自然脫離。二是把個人從集體當中脫離。個人主義化中有很複雜的因素，其中宗教（尤其是基督教）因素是和個人主義有關係的。現在，一般沒研究過西方史的人會認為個人主義是和宗教對立的，個人比較自由。但這裡面有很強的一致性，在基督教教義裡面說人是上帝的造物，人和人是平等的，因而人可以擺脫一個具體的制度對人的約束。總之，我們到了這樣一個境地，本來我們是依傍在一個大的宇宙結構之中來定義自己、獲得認同、獲得彼此的關係、獲得對關係的認識。但是經過了這麼多時間之後，我們進入了現代的生活，現在依靠的是人的理性。康德在《純粹理性批判》中提到，大膽運用自己的理性，法律躲在尊嚴的背後，宗教躲在神的背後，都不能贏得人的尊敬，只有經得起理性檢驗的東西才能值得人尊重。啟蒙思想家有一點點自負，但其主流觀點是說，我們不能企圖依靠人的理性去認識世界、認識自我，從而達到真理的境界。那麼，理性能不能夠幫我們創造一個公正的社會？如果只有理性

精神，會遇到很多的麻煩，比如休謨問題中所提出的因然和使然的邏輯分裂主義。通過理性，我們可以對一個事實達成一致的看法，但有些事情是達不到一致的看法的。支撐我們的生活意義的，什麼是好，什麼是壞，這是一個價值觀。別人認為是壞的，你可能認為是好的；別人認為是好的，你未必認為是好的。但是無法講出其緣由，從而產生一種孤獨感。當我們跟大的結構相抗衡時，會發現我們發展出一個可以依靠的東西，這個是價值上無所歸依的狀態。法國作家加繆說，這就像演員脫離了觀眾時孤零零的狀態。本來我們在上帝那裡找到依靠，在宇宙那裡找到依靠，但現在我們和它們脫離了關係，科學讓這一切變成了迷信。比如，你去考試帶一個特殊的筆，有人問你為什麼帶著這支筆？你說如果帶著這支筆，上帝告訴我就能考好，別人認為很可笑，但不會認為是真的。德國的一個哲學家說過一個詞，祛魅。魅，為你唱歌，讓你心醉神迷，讓你進入一種魔幻的狀態，祛魅就是讓你醒過來。而現在的狀態就是如夢初醒，使得世界清澈了。以前都是上帝天道，讓我們看不到科學，這些都被啟蒙所戳穿了，現在人的感覺這就是一個清澈的早晨。我們度過了中世紀的混沌，但我們突然發現這個清澈的早晨是嚴峻的，因為我們沒有夜晚神秘的東西營造。我會發現一個問題，我們找不到最初的根據，我們在很多問題上沒有辦法達成一致，神聖的價值都退到私人的領域了，在很多問題上無法達成一致的看法。舉個例子，前一段時間有一個大學，讓女生簽一個協議，要在婚前維持自己的貞潔。有很多人反對，他們認為這是保守，是封建，這是一個私人的行為，為什麼要簽這個協議。而一個政治共同體需要有一些基本的共識，自由主義的政體需要一個憲政的基礎。它是穩固的，因為它深入人心，不是說紙上寫的法律條文就能保

證擁有一個法治社會，這一切都在於人心。放任的，以自我為中心的個人主義，它既是一種心靈狀態也是一種文化。

我們經常會聽到現代危機和現代性困境，事實上，我們缺乏最根本的依據，而且不能達成一致。能讓我們達成一致的是工具理性，工具理性是指要達到這個目標，什麼手段是最有效的。比如有一個同學說我要去武漢大學找一個女孩，怎麼去最快？大家就可以開始支著，怎麼找最快。但這個女孩值不值得你去，大家沒有共識。理性作為工具和手段的方向極度地發展，所有可以用指標來衡量的東西都是極度發展的，能用數字衡量的東西和可以比較計算的東西都是極度發展的。要不要讀研？我給你算一算，比如現在研究生畢業工作，平均工資兩千二，本科生畢業一千八，但是你要想一想這三年你在賺錢，他在那裡還要付學費，三年之後，就業的壓力可能會更大，結果是不要讀研。如果不僅僅是為了找工作，而且為了提高境界，這事情就變得複雜了。有的人願意為境界付出，有的人則不願意。這就涉及一個很強的保守主義轉向，在中國表現為儒家和國學。我們被西方的浪潮打暈，被現代化的浪潮打暈，需要重讀一下孔子。這是一個非常強大的運動，對現代性有一個很強的否定，特別是自由主義和個人主義變成一個不太好聽的、汙名化的詞，這是一個非常強的思想傾向。一個是國學運動，一個是國家主義，他們都要求小我要服從於大我，要認同這個國家。曾經具有較強自由主義思想的作家摩羅寫了一本名為《中國站起來》的書，其中滿懷愛國的豪情，他的苦悶思想得到昇華，從原來卑微迷茫的我找到了自我，感到自己變成了一個大寫的人，從而站起來。這是一個很強大的精神。

我認為，我們沒有辦法用一種保守的精神來拯救理性危機，或者

我們沒有辦法用反啟蒙的方式來解決啟蒙造成的問題。首先，個人主義在原初意義上是一個道德的觀念，個人主義是一個道德上的問題。為什麼這麼說呢？很多思想史專家認為，在中世紀後期人們就發現，如果一種東西、一種道德、一種信念，你個人不相信的話，它就不是一種真正的道德。比如你要做一個好人、一個誠實的人，一個孝順的人，當對於這個東西你內心並未真正相信和動情，而是由於各種壓力和其他人的瘋言瘋語而去做的話，就不是一種道德，這是道德的本真性。道德要跟內心深處的東西有一些關聯，才叫道德。奧古斯丁曾說，通往上帝的路程經由內心，在內心深處確認。盧梭也說，做人應當要對自己誠實。這跟自由主義、個人化有很大的關係。只有個人相信的東西，才是道德的原動力。還有一個就是責任化，道德的責任是什麼呢？道德的責任是我為我內心想要的東西付出代價，由於這是我信奉的東西，我願意為之付出。如果你看了一部電影很受蠱惑，而和女朋友私奔，但過兩天你就後悔了，這就不是你真正相信的東西。如果你為了一個正義的事業，為了祖國的尊嚴，為了獨立，為了和平，你去戰爭而甘冒風險，是自願的。但如果你是非自願的，就無法去要求你去擔負這個責任。也就是說個人主義是出於一種道德的理想。可是後來它出了一個問題，人們以為要和內心的真實相一致很重要，結果把注意力過多地集中於自我內部。個人主義帶來了很多好處，其中一個是道德的責任性和豐富性，每個人都不一樣，每個人是獨立的個體。但在個人主義的選擇當中忘了一件事情，我們個人是什麼？如果你只是為了顯示獨特性，想用什麼方式來顯示自己的獨特性，一定要和別人比較才能顯示出來。不是每一種獨特性都是有價值的，這個背後有一個巨大的框架在評定什麼重要什麼不重要。儘管我們好像跟大

的框架失去了連繫，跟宇宙失去了連繫，沉溺在個人主義的幻覺之中，以為這個世界能夠運轉完全依靠一個人，其實個人能夠運轉背後肯定要依靠一個巨大的框架，這是不可逃避的視野或視域。為什麼說一個人有多少根頭髮不重要，有才華才重要，這個是取決於我們背後的框架。你一個人沒有辦法去改變這個框架，你的想像力變得有價值也是要根據這個框架。但是由於現代性有一點放任的個人主義膨脹，會使自己忘了自己在框架之中。個人的關注點是個人的選擇，但是別忘了你選擇的依據在哪裡。

接下來一個答案是說，我們用不著急於回歸一個沒辦法回歸的古典時代。我相信很多人並不是想回到過去，而是想提供一個資源。一個人應該有一個自我的角度，把自主性理解成關係。每個人做主的時候，你會發現每一個決定都有原因和根據，有故事和來歷。人是社會化的，自己決定的能力都跟社會有關係。我們不能武斷地說，我就是這樣，隨便你。個人主義如果到這種地步就是一個完全任性的以自我為中心的放任，不屑於道德，不能承擔一個好的政治社會的基礎。一個健康的個人主義是有對話、有關係的。比如說我們想一想，當每個人做選擇的時候不完全是個人行為，它所依據的理由不是一個自然性，這個理由包括了人對自然、對他人的看法。人不僅僅是一個生物體，人的所有行為是一個符號行為，人永遠是在意義當中的。比如說你請人吃頓飯，他可能會對你表示謝意，表示友好。我們不能把一個豐富文化意義上的人化成一個生物意義上的人，一個好的真正的個人主義是對話的、在關係中的個人主義。當然個人主義是有個人的標誌，但你自己做決定或主張自主性的時候，不要忘記你不是一個孤立的個體。如果你是一個完全孤立的個體的話，你的個人主義就不能得

到保證，而會被瓦解。

　　我認為，現在引領自由主義的人忘記了現代性發生的基本意義，即我們確實是有相當多的不同理解是無法達成一致的，其背後都是有理由的，這叫作合理的分歧。無論你信佛教，還是儒家，都不能強迫哪一個人或者哪一國人去相信它，這其中就涉及啟蒙問題。柏拉圖在《理想國》中講過一個洞穴理論：有一個洞穴，人生下來就被鎖在裡面，他們的頭部都被固定了，看到的唯一景象，就是通過洞口投射下來的光，他們認為這就是世界的真相。有一個人到了洞穴的外邊，看到了太陽光，看到了真實，去告訴自己的同伴，沒有一個人相信他，沒有一個人認為他看到了真相。啟蒙的意思是什麼呢？柏拉圖的洞穴理論有非常多的闡釋，不要把人理解成動物，這是一個棄暗投明的過程。但是現在有人說，你怎麼知道你看到的是太陽，也許看到的是日光燈，你以為啟蒙主義理性看到的是真相，你可能是從一個小洞穴裡面走到了一個更大的洞穴，就把它當成真理。如果啟蒙是沒有走出洞穴，是一個誤會，那麼現在的社會是一個好的社會嗎？我不認為啟蒙是一個棄暗投明的過程，我們每個人都不是上帝、不是先知。我們是通過學習在領悟，在探索。我們走出一個洞穴，我們可能會到另外一個洞穴，我們看到別的洞穴，就會意識到自己洞穴的不足。如果我們沒有到別的洞穴，就會認為世界本來就是這樣，世界就應該如此。但我們走出之後，我們發現了別的洞穴，我們就會意識到自己的不足。可能我們這個洞穴只能是生活制度中的一種可能性，由於啟蒙運動的發生，你意識到了自己的洞穴性。我們為什麼要這樣？比如，在一個遙遠的村落裡，要求喪偶的婦女必須要守寡，不守寡是不行的。但是我們跑到另外一個村莊，會發現我們平時所相信的不是唯一的。啟蒙

就是這樣告訴我們，世界不是唯一的，洞穴也不是唯一的，只不過是我們生活當中的一種多樣性。我們可能有不同的聲音，這是存在的。我們可以採用另外一種原則，啟蒙的理性主義並不代表人生真理，並不保證真相，但它變成了一個對話和變化。所以，從「八〇後」到「九〇後」，有點放任的個人中心主義的文化，我認為是有原因的，它是一種現代性。個人主義是有值得保留的地方，它帶來了創造性，帶來了生活的多樣性，但它也有危險，它會帶來誤解，以為個人主義只能依靠個人。我們應該從關係的角度來理解個人主義，從不可逃避的誓言、不可逃避的框架來理解個人主義。我們如果恢復到一種教條式的古典，是不妥當的，因為洞穴已經被打破了。而且，過去某種生活方式的衰落與轉變也是有原因的。我相信，在對話和關係當中，社會會變得更好。謝謝大家！

2010年於華中科技大學演講
馬瑩根據錄音整理

政治學前沿

俞可平　北京大學教授

　　我想過我今天要講些什麼，首先，我不講現實政治，因為每個人觀點不一樣，而且可能同學們對這方面比我的看法更加廣泛。其次，我不講科學哲學和科學技術。後來我了解到華中科技大學學術能力很高，熱情高漲，而政治學在全國學術界又不是特別強，而我正好是研究政治學的，所以想和同學們探討一下與政治學相關的內容。

　　首先，政治學是不是一門科學呢？我想同學們中間一定會有兩種答案：一方面，理工科的學生可能會認為政治學不是科學，而文科的學生可能會認為政治學是一門科學，這就涉及評價一種科學的標準。從社會科學的角度來說，我認為政治學是一門獨立的科學。為什麼說它是一門獨立的科學？第一，它有獨立的概念系統，有些概念其他學科是無法替代的。例如「權力」的概念就是一個政治學概念，雖然經濟上、生活中都有談到權力，但是它實際上是源自政治學概念。第二，它有自己獨特的研究方法，例如馬克思主義中的階級分析方法、國家與社會的分析方法等等。第三，它有一套公理體系，社會科學用的公理和數學物理學不一樣，相當於規律性的現象。這個在政治學裡是完全承認的，可惜對於這方面的關注不夠。例如，有一條公理叫作「由上到下的決策指令資訊和由下到上的決策效果回饋資訊不能通過同一條管道」，當用同樣一條管道輸出資訊時，資訊發生扭曲、失真

的現象很多。例如，現在有一個政策需要貫徹，當上級要聽政策效果的時候，效果明明不好，官員也不敢說不好，因為一旦說不好就會產生兩種結果：第一種可能是上級領導會說「為什麼別人能做好，就你做不好」，所以他做不好也要說好；第二種可能是領導等著你說好話。所以其實生活中處處都是政治學的公理和規律。因此，政治學是一門科學，甚至是一門古老的科學。

無論是社會科學或者自然科學，如果追根溯源來說，很多學科可以追溯到一位古希臘很有名的思想家亞里斯多德。亞里斯多德可以說是許多學科的奠基人，但是如果要問亞里斯多德的著作中哪一本書最具有代表性？那就是《政治學》。他曾經說過，政治學是「科學之王」。政治學的歷史非常悠久。也許同學們會問，政治學的歷史這麼悠久，但不見得有多發達先進。雖然政治學的歷史很悠久，事實上卻比較落後。在以前的時候，政治落後源於跟人們的利益太近了，有的時候是利益蒙蔽了雙眼，有的時候是明知如此偏要反其道而行，所以跟利益關係密切的學科往往很難掌握，所以要真正實現政治民主是比較難的。

「民主」是政治學中出現頻率最高的一個詞，很多人研究過民主，包括我也研究過。如果把全世界關於「民主」的書集中起來，可能會形成一個不小的圖書館，可見民主的觀點各不相同。首先，民主的概念是什麼？大家都知道民主是人民當家做主。可是誰是人民？可能大家都是，也可能大家都不是。怎麼統治呢？對民主的認識存在不同的觀點，而形成這種不同的原因是價值觀不同，利益和立場不同。例如中國與美國等西方國家相比，中國改革的成就不只是經濟上的成就，還有政治上的成就。而現在大家都能很方便地出國，講話也沒有

太多禁忌。我們這代人注重縱向的比較，而你們注重橫向的比較，這就是價值評判標準的不一樣。我們認為現在已經很進步了，但西方人尤其是美國人一方面承認中國在經濟上的進步，另一方面否認中國在民主政治上的進步，甚至予以歪曲。

我今天想跟大家介紹一下現在我們這個學科中，站在最前沿的政治學家最關注的是什麼。我一共講八個問題，第一個是全球化與民主國家；第二個是公民社會與民主政治；第三個是治理與善治；第四個是實質民主與程式民主；第五個是網路民主與協商民主；第六個是個人權利與公共利益；第七個是政府創新；第八個是政治評價。下面我就一個一個給大家介紹一下。在講這些問題之前，我想先跟大家做一些說明。首先，傳統政治學的很多問題依然是現代政治學所關注的，比如說政治制度、國家政治、權力、決策、政黨、階級、革命等永恆的問題。這些問題依然是政治學家所關注的。其次，最前沿的政治學問題還有其他方面，我今天挑的問題是特別希望介紹給同學們關注的問題。比如生態政治、合法性等問題在政治學上的討論也很熱烈。合法性不是法學上的合法性，因為這種概念是翻譯過來的。英語中有兩個概念，一個是「legitimacy」，另一個是「legality」，這兩個翻譯成中文都是「合法性」，但實質上完全不同。「legitimacy」是政治學的合法性，主要是一種秩序和權威被自覺接受和認可的狀態；而「legality」是符合法律的合法性。所以說我們在做學問的時候要讀原著。再比如說我們經常說的一個概念「國家」，其實國家也有三個不同的英文表示：「state」、「nation」、「country」。有一個很有影響力的學者叫李慎之先生，他就一直主張legitimacy不要譯成「合法性」，而要譯成「正當性」。但翻譯是約定俗成的東西，一旦確定則很難改

變，所以合法性在政治學中是熱點問題。但是我今天介紹另外的八個問題。

第一個問題是全球化與民主國家。我認為全球化是我們這個時代最主要的特徵，我們進入了全球化這樣一個新的時代和發展階段。全球化與我們通常所理解的並不完全等同，全球化的最基本特徵是在經濟一體化的基礎上，在世界範圍內產生一種內在的、不可分離的和日益加強的相互連繫。現在中國在這方面已經深切地感受到了全球化。比如不久前剛剛閉幕的世博會就是一次全球化的盛會，你可以看到不同國家的不同文化通過現代的聲光技術和資訊技術不斷地展示出來。又比如奧運會以及網路的普及就是全球化最典型的特徵，一封郵件就可以連繫到世界各地的人。全球化的影響和作用已經產生了，但是還在繼續產生，甚至可以說有些作用對人類生活的影響我們很可能還沒預計到。我有的時候想，人類本來只有兩個世界，一個是物質世界，另一個是精神世界，而現在突然多出一個虛擬世界。這個世界既不是完全看得見摸得著的，又不是完全依靠想像的，虛擬世界同時具備兩方面的特徵，可想而知其影響力到底有多大。中國傳統的力量非常強大，在全球化剛湧入中國的時候，我們是害怕的，但同時又明白它的好處，要順應全球化的潮流，但是總體上我們在文化領域對於全球化還是有些抵禦的。在全球化剛剛進入中國的時候，理論界是嚴格限制的，是不能輕易講全球化的，需要在前面加上一個形容詞「經濟的」。其實全球化不僅僅影響到了經濟，還有政治、文化甚至生活。

現在我們能看到中央很積極迎接全球化的挑戰，全球化就是一個世界歷史的發展進程，無論你喜歡與否，它都將深刻地影響中國和世界。全球化不是簡單地同質化或序列化，而是我們哲學上講的悖論。

悖論就是兩個看似對立的東西巧妙地結合在一起，但又無法自圓其說。全球化既是國際化，又是本土化，如果沒有民族特色和地方特色，那麼全球化就什麼都沒有。既有普遍化又有特殊化，既有民族化又有世界化，既是分散又是整合。比如說一方面奧運會、世博會等全球盛會在如期舉行，另一方面，科索沃要獨立。全球化不僅對經濟，對整個人類都是嚴重的挑戰，其中之一就是民主國家。國家有主權、領土、人民三大要素，缺一不可，主權就是自己掌握國家最高權力，比如武裝力量、司法、政治、政府管理、貨幣、監獄等權力，所以它要設定邊界保護自己的權力。西方的民主國家體系到現在仍然在維繫，所以出國要有護照、要兌換貨幣等等。而這樣的一種傳統的主權觀念在現在卻遇到了巨大的挑戰，我們中國人可能感受不到，但如果到歐洲，你就會發現邊界沒有了，貨幣統一了，所以傳統的主權觀念產生了巨大衝擊。政治學對此產生了激烈的爭論：民主國家到底要不要了？是不是存在？發展趨勢如何？有一些政治學家認為，隨著全球化進程的推進，民主國家正在消亡，越來越沒有意義。另外一些政治學家認為全球化不僅沒有削弱，反而強化了民主國家、國家主權的意識。所以這個問題現在是熱點問題。

第二個問題是公民社會與民主政治。馬克思主義的基本原理之一是「經濟基礎決定上層建築」。有什麼樣的經濟基礎就有什麼樣的上層建築，而市場經濟的上層建築就是民主政治。資本主義的市場經濟產生資本主義的民主政治，社會主義的市場經濟產生社會主義的民主政治。民主政治不是自發的，是重要的一個中間環節，這個中間是公民社會。所以民主政治的基礎從某種意義上來講就是一個公民社會，如果沒有一個健全健康的公民社會的話，民主政治很難發展。民主政

治要素之一，從某個方面來講就是制約政府的權力。市場經濟產生以後，公民社會即民間組織是必然產生的，比如企業需要自主產權，行業需要保護，需要建立一個組織和政府博弈，所以市場經濟和民主政治必然產生一個公民社會。

我們的社會大致可以分為兩個部分。一個部分是政治社會，即國家系統，主體是政府組織，主要角色是官員。過去我們的政治系統獨大，把其他的系統全部淹沒，經濟系統也不獨立，政企不分，企業低迷。而市場經濟把經濟系統獨立出來，市場系統的主體是企業，主要角色是企業家。另一個部分是公民社會，就是民間組織系統，也就是十七屆五中全會中講的社會組織系統，主要角色是公民。公民社會是國家或者政府系統、市場或者經濟系統之外，所有民間組織、社會組織和民間關係的總和，它的官方控制領域是市場經濟領域以外的民間控制領域。為什麼這個問題會成為熱點問題呢？主要是因為中國改革開放之後，引入了市場經濟。而對於是否產生公民社會，各有各的看法。有些認為會產生，有些認為不會產生。而中國改革開放開端的時候人們對此多半持否定態度，認為中國不可能會有公共組織、公民社會。但是近年來，業主委員會、各種興趣俱樂部、形形色色的社團以及各種網路社團都在興起，而關於公民社會的有無、好壞、必要性、發展趨勢等的爭論很多，現在國內公民社會問題也成了社會關注的熱點。早些年，我們介紹這個理論的時候，壓力很大，當時還不叫公民社會，而叫市民社會。現在應當說多數人都認可了這個觀點，一定會有公民社會。而且它是一把雙刃劍，政府做得好，則有利於民主政治的推行；而做得不好，則對社會的穩定等都會產生威脅。所以公民社會這個問題既是國外政治學界的熱點，又是國內政治學界的熱點。

第三個問題是治理與善治。在傳統政治學中有兩個必須要了解的概念，一個是統治，一個是善政。現在新的概念是治理和善治。柯林頓在競選總統的時候就提出了這樣的口號：「少一些統治，多一些制度。」統治和治理、善政和善治有什麼區別呢？統治和治理的英譯差不多，但其深層含義相距甚遠。統治的主體是政府，權力的運行方向是自上而下的，其主要依據是國家的法律和法規，其性質具有強制性。而治理則不同，治理的主體可以是政府，也可以是民間組織，或者是兩者之間的合作，權力的運行方向可以是自上而下，但更多的是協商，主要依據既可以是法律，也可以是協議等。統治和治理的範圍也不同，統治是主權國家的邊界到哪裡，統治行為的邊界就到哪裡。治理可以小於也可以大於主權國家的邊界，例如現在走私，販毒，環境污染等問題是國際性的。而目前為止，我們還沒有一個全球政府，聯合國起不到全球政府的作用。美國想充當全球政府，但遭到反對。我們不能有全球統治，但需要全球治理，這就是它的範圍。還有一些政府統治管不到，而政府治理可以觸及，例如社區、村落等的治理。天下第一村華西村治理得很好，但是它的很多治理手段很難用國家的法律和法規去判斷。比如它有一條規定，村民如果隨意折一朵花，則罰款一萬元；村幹部如果賭博，則罰款一百萬元。這些村內的規定雖然沒有法律依據，但是治理很有效。

　　我們之前說好的政府叫善政或者仁政，而現在我們提出善治的概念。政治學家認為「善」的含義更廣泛。善政即政府親民，公正、執法嚴格、愛民等等都是善政的表現。但是現在我們的權力越來越回歸社會，隨著公民的事務越來越多，政府現在已經管不過來了，政府去管也不符合民主政治的方向，因此公民社會要公民和政府聯合共同管

理。所以善治包含了善政，但是比善政的範圍更廣。如果大家去西藏，就會發現環境的惡化不是一個國家一個地區的問題。第一次去西藏，我就發現一個很嚴重的問題，西藏的山都在一片一片地風化，雅魯藏布江的含沙量是最高的，而西藏又沒有重工業，這就說明全球都在沙漠化。所以全球治理現在也開始被政府重視起來了，在十七屆五中全會的決議中就出現了「積極參與全球經濟治理。」

第四個問題是實質民主與程式民主，這個問題簡單來說就是判別目標與過程哪個更重要。這兩個觀點引起過激烈的爭論，我們過去的理論傳統更多的是講實質民主，民主就是人民當家做主，通過法律的頒布來決定事情，這就是典型的實質民主，著眼於目標。而程式對於民主政治而言是最重要的，個人的自由平等權利只有在程式中才能體現，後果對於民主政治而言不是最重要的。我曾經寫過一本書叫作《民主與陀螺》，之後有一位資深的理論家向我提出質疑：「為什麼把民主如此嚴肅的詞和陀螺放在一起？」陀螺最重要的是要轉起來，一旦倒下就是結束了。民主也是一樣，要轉起來，程式很重要。如果沒有程式，而只講目標，不講規則，在過程中可能會產生很多問題。這兩種觀點現在依然在爭論中，但我自己認為兩者都很重要。

第五個問題是網路民主與協商民主，這也是西方政治學界兩個前沿問題。網路尤其是資訊技術產生之後，一些政治家認為網路好，民主政治的很多參與方式都可以通過網路來實現，如網路投票、民意測驗、辯論等等都可以通過網路實現。網路確實對民主政治產生了很大的作用。但是另外一些政治學家認為，網路再好也不能替代民主政治最原始的方式，即當面協商和討論。關於這兩種民主形式的爭論在中國也比較激烈，網路民主已成為大家都認同的事實。大家的關注點不

在於需不需要網路民主，而在於如何規範網路民主，例如需不需要實名制、如何加強管理等等。而關於協商民主在中國的爭論還是很激烈。我當時引進這個詞的時候就強調，協商民主是建立在西方高度發達的選舉民主的基礎上，不能簡單照搬。

第六個問題是個人權利與公共利益。這是政治學中最古老的爭論範疇之一，進入二十世紀七〇年代後，再次引起了爭議。因為新自由主義產生了，而新自由主義強調個人權利，不能為了普遍利益而犧牲個人權利。與其相對的是社群主義，普遍利益始終優於個人利益，公共利益必須優先於私人利益，如有必要，國家可以為了公共利益犧牲公民的個人利益。社群主義理論和馬克思主義理論非常接近。這兩者的爭論在政治學界非常激烈，在這裡，我要鼓勵中國的學者參與世界對話，政治學裡面這樣的範疇有很多對，雙方都有道理，例如個人與集體，公平與效率，平等與自由等等，所以政治哲學家可以從不同的角度提出理論。但是個人權利與公共利益的爭論在中國的政治學界非常重要，我們過去一直強調公共利益、集體利益，而改革開放以來個人利益開始得到重視，所以在這個問題上，中國學者參與討論可能更具有意義。

第七個問題是政府創新，關於民主這樣的問題，爭論很多，不同的國家和群體可以從不同的角度發表看法。所以改革開放以來，中國的最高領導人始終堅持一條原則，即絕不照搬西方的政治體制。但我們還有一條，就是要學習和借鑑人類一切優秀文明成果，當然也包括政治成果。我們要判斷哪些可以學習，哪些不可以學習。不可以學習的有三條：多黨制，普選，立法、司法、行政三權分立。但有些是需要學習的，比如聽政制在中國很多地方都得到了很好的推行，現在中

央要求所有政治制度必須聽政。還有一個和老百姓關係密切的制度就是一站式服務，其實我們可以借鑑西方政府的一些管理措施，因為無論是資本主義還是社會主義、東方還是西方，任何一個政府都希望行政效率更高、行政成本更低、老百姓更加滿意，這就是政府管理創新，政府管理創新是一個世界性的趨勢。我負責「中國地方改革研究與獎勵計畫」十年了，每兩年評選中國地方政府創新的成果，已經有一千五百多個地方政府參與評選，不久之前，我們在人民大會堂舉辦了一個十周年的隆重慶典。在這方面我們確實是在推動社會的進步。很多西方政府的管理方法我們都可以學習，所以中央這些年來對於幹部的培訓力度非常大，在哈佛大學、牛津大學都有我們高級官員的培訓課程。不能簡單地以為政府創新和政治體制一樣。但是這個問題是熱點，一方面大家關注，另一方面爭論很大。之前說的十周年慶典之後，我們舉辦了一個研討會，討論政府創新。有學者指出，調查結果顯示，有政府創新和沒有政府創新的地方，老百姓一樣不滿意，而另一個學者表示調查結果完全不同。

第八個問題是政治評價。大家都知道「我們的社會主義民主是世界上最先進的」。大家都稱自己是民主，但民主評價的標準不同，過去都回避這個問題，但現在無法回避，因為總是需要一個標準。這些年來在政治評價方面，政治學家很關注，也形成了許多評價指標，但是對這些評價指標很難找到共識。我曾經組織過一個專案——「國家治理評估指標體系」，我們把全世界不同的國家治理評價體系比較之後，發現差別很大。總體來說西方國家之間差別比較小一點，但是發達國家和發展中國家，特別像我們社會主義國家之間的評價標準很不同。有一年，聯合國試圖做出一個評價指標，以主觀和客觀兩套體系

來評價政府發展的標準。出版之後，很多中國的政治學家都接受不了這個評價體系，因為對中國的某些評價偏低，也不符合中國的實際。在政治評價方面的爭論不僅是學者之間的爭論，也反映了政治價值的不同，尤其是國家利益的不同。以上就是我想跟同學們分享的目前國際政治學比較前沿的熱點問題。

2010年於華中科技大學

何丹根據錄音整理

「悲劇哲學」的人文意義

徐鳳林　北京大學哲學系、宗教學系教授

　　「悲劇哲學」屬於俄羅斯哲學、俄羅斯宗教哲學的這樣一個大的
範疇。如果說更大一點，把它擴展到整個西方哲學流派裡面，那麼這
樣的一種哲學屬於存在哲學，就是西方的存在哲學。可能我們略往大
的範圍說，大家對這些情況大概也略有所了解，可能聽說過像「二二
得四」這樣的概念，還有與尼采的關於「超善惡」這樣的觀念有直接
的連繫，這只是它的一種大致的範圍。有的同學說，我們只聽說過一
些唯物主義、唯心主義這樣的哲學，聽說過柏拉圖、黑格爾，但是，
不是很清楚什麼是存在主義哲學，對於俄羅斯哲學是什麼大概更不了
解。其實這並沒有什麼關係，我們可以從一個日常生活的現象出發，
來說明悲劇哲學的含義。

　　所以，我們就要從日常生活的現象說起。比如一個人走在街上，
被從樓上掉下來的一塊磚砸傷了，這可以說是一個悲劇的事件，那你
怎麼樣來看待這個悲劇事件呢？在這個日常的悲劇現象的背後，我們
說這其中包含著兩種觀點，這兩種觀點也代表著兩種不同的立場。首
先是一種自然的立場。這種自然的立場從自然存在的觀點來看，雖然
磚頭掉落是一個很偶然的事件，我們也許並不知道它的具體原因是什
麼，但這一定是有原因的。按照某種自然的、外部的觀點來看，也許
是因為固定磚頭的水泥被水泡軟了；或許是磚頭本來就不是很牢固，

一陣大風把它吹掉了。總之，就這種現象本身，完全可以進行一種自然科學的合理解釋，也就是說石頭下落這件事本身是一個必然的現象。那麼我們知道了這樣一個必然的現象的話，人的理性、理智就可以得到一種滿足。為什麼能夠得到滿足呢？就是因為必然性本身是第一位的，其他都是次要的。這是我們通常的一種觀念、通常的一種理解。至於個人的遭遇，只能說他是很不幸的，他是很倒楣的，這個遭遇對於他來說也是一個偶然的、不幸的事件，他可能被砸傷了頭，或者說砸傷了他的眼睛、牙齒，他有可能是一個很年輕的、充滿精神、充滿活力的人，就因為這樣一個偶然事件成為一個殘疾人。但是按照我們自然的思維來理解，這也僅僅是引起人的惋惜，畢竟石頭下落是自然界的一個必然的規律，是第一性的，人的生命則是無始無終的、存在鏈條上的一個微小的環節，只要服從這樣一種外部的自然規律，就是可以理解、可以解釋的。人的內在世界受外在世界規律的統治，人是生活還是不生活、是快樂還是痛苦等等，這些對於人本身來說的現象，相對於自然界的規律來說，只是一些派生的現象或者說是不重要的，是假像，不具有必然的、永恆真理的意義。

剛才所描述的觀點是理性主義哲學家的觀點，也是現代人的日常思維所能夠接受的自然的觀點，或者叫自然科學的世界觀。但是在有些哲學家看來，這種觀點並不是唯一的，也並不是能夠窮盡一切的。所以，還有另外一種觀點，就是對這樣一個悲劇現象的解釋，就是我們講的這個現象背後包含的第二種立場，這第二種立場我們就叫作人文的立場，和自然的立場相對照而言就是人文的立場。在這個立場看來，人的生命與死亡或痛苦與快樂，人的願望、情感、信念、夢想，這些才是最重要的。石頭下落本身，它是一個附屬的現象。人的生命

及其內在意義是第一性的，是看待一切存在和事件的出發點、背景和標準，而石頭下落以及其他一切對人的命運的一些外部的干預，這些只是偶然狀況，是人的生命意義和價值藉以顯現的外部環境，這是第二種人文的立場中一些基本的思想和基本的解釋。按照中國古代的劃分，是天道與人道，或者說天文與人文，而且我們今天也有「以人為本」這樣的說法。這樣的一種思想和劃分，也應當在我們剛才說的第二種立場上加以解釋，似乎這樣的一種解釋才具有更根本的意義，具有一種悲劇哲學所能理解的意義。而自然規律對於人的強迫和制約，人在這些外在狀況中產生的悲劇和痛苦，人的不滿與抗爭，這些正印證了人的內在生命的豐富和走向完滿，就是通過這種自然的必然性和人的這種內在的需要和內心的願望，以及這兩者之間的衝突矛盾，才表現了人的生命的豐富性和走向這種完滿的道路的一種必然性，就是對人的命運來說的一種必然性。

　　一位哲學家在其著作中曾說，在外部世界中作為因果連繫獨立存在的關係，所表現出來的一切對於人的命運和人的生長、發展來說，都是偶然事件。但他在悲劇哲學中更集中的體現、更具體的思想則出現在另一部著作中，這是我們下面要提到的。就是我們剛才講到的第二種立場，即悲劇哲學的出發點和一些基本的思想。在這本書中，講到了悲劇哲學是與日常的哲學根本對立的，在日常生活宣告終結和轉身的地方，尼采和杜斯妥也夫斯基看到了開端並繼續尋找。這裡面體現了悲劇哲學和日常的哲學的這樣一種對立，他們企圖在這樣的地方找到自己的東西。按照一般的信念，這些地方除了黑暗和混沌之外什麼也找不到，也就是說這裡面體現出杜斯妥也夫斯基和尼采的一種獨特的眼光，是與普通的人不同的。正是在別人認為沒有任何思想意

義、不去尋找任何東西的地方開始尋找，我們就會問他們在這些地方找到了什麼，這也就是我們要講的一些核心的思想，是對他們的一些思想的基本概括和基本理解。我把這些基本思想概括為三個觀點、兩種方法，最後得出對我們的一點啟示。

這三個觀點，第一個叫作超越的形而上學。這裡面有兩個關鍵字——「超越」和「形而上學」。超越是和內在相對立的，和平面相對立的，是向另一個領域、另一個世界的超越；形而上學本身是和認識、知識相對立的，屬於生活和存在的領域，而認識、知識是屬於另外一個領域，是屬於對現有事物的一種認知。第二個觀點就是臨界境遇的思維。這裡也有兩個關鍵字，第一個是臨界境遇，這裡我借用了德國的哲學家雅斯佩斯的一個觀念。從這個詞本身我們也可以理解，就是指人的生存狀況不是像日常生活中那樣平淡的狀態，而是達到了邊緣。這有兩個表現，一個是生命的邊緣，即生與死，另一個則是生活裡的現象，就是痛苦和苦難，這也是和人的日常觀念相對立的。在這樣一種境遇下的思維，也體現了悲劇哲學最根本的精神，在這種境遇下，對痛苦的反抗或者對悲劇的抗爭，這種思維體現了它的存在本身。第三個觀點就是生命的終極追問，這裡面有兩個關鍵字——「生命」和「終極追問」。「終極」這個詞並不是普通的，不是平面的、日常的生活，而是一種終極的關切。通常這個詞都是和宗教連繫在一起，但不僅僅只是一種宗教的含義，哲學本身也是一種終極的追問。追問就是問題的形式，不是一種學說、一種理論，而是一種問題。超越的形而上學，不同於認識論。認識論只限於主體和知識領域，而形而上學本身就是涉及生存的問題，它是指向人的存在的。所以悲劇哲學，既不同於普通人日常的悲劇感受，又不同於對於悲劇體驗的心理

描述，同時也不同於理性主義哲學與悲劇哲學的和解。我們說這種悲劇哲學是和我們日常所了解的現象都有所不同的，悲劇哲學揭示出在悲劇背後所包含的人的生命與超越本源的一種內在連繫。按照比爾嘉耶夫的概括，可以根據對於悲劇的態度，來劃分兩種哲學流派。可見悲劇現象本身不僅具有心理的意義，而且具有形而上學的一種思維的資源。所以可以根據對於悲劇的態度本身，就能夠劃分出兩個哲學流派，一個是日常的哲學，另一個就是一種超越的形而上學。一切來自悲劇和考慮到悲劇本身的哲學，都必然是一種超越的形而上學。而且忽視悲劇、不理解悲劇的哲學，都必然是實證主義的一種解釋。對悲劇現象的關注和思考，具有一種哲學的意義，或者說是一種哲學思維的潛力。按照這種標準，可以劃分出這兩種不同類型的哲學。一切類型和形態的實證主義，都是日常的哲學，它總是企圖為人的認識和人的生命而建立牢固的基礎。但是問題在於，悲劇的存在這個事實本身就已經推翻了實證主義（用一些外部的事實為人的生命、人的存在來建立一種牢固的基礎）。也就是說面對悲劇現象，實證主義的一切最後的根據、設想都將崩潰。超驗的、超越的形而上學，也就是悲劇哲學是否定人的意圖和體驗的任何界限，認為人的意圖或人的體驗本身沒有界限，本身就是一種生命本身，就是一種真實，而不是理性主義哲學家所說的那種建立在經驗基礎上的真理或真理的標準。所以超越的形而上學是否定徹底的安慰和徹底的穩定的任何體系，顯然這都是針對理性主義哲學來講的。

　　這裡講了很多超越的形而上學，這種超越是向哪裡超越的？或者說它的超越的物件在什麼地方？一位哲學家堅持主張超越理性主義的自足的和內在的界限，而要求一種超越。這個超越是一種內在的超越

還是外在的超越？按照這位哲學家的解釋，這種超越是和基督教或者猶太教相連繫的，所以它援引了一種聖經思維，或者說它從聖經的信仰裡面概括出了一種思維。它也有另一個術語叫作聖經哲學。這種聖經的思維主張向聖經的先知，向詩篇的作者大衛學習，學習大衛在自己卑微的人性深處求告救世主這樣一種願望或行為，這種來自聖經的思維能不能得出具有一般意義的思想，還是說這僅僅是一種傳統宗教或基督教的信仰的思維。如果我們能從中找到一種具有一般意義上的思維的資源的話，則這種思維表明了思維的出發點和真理標準是與我們通常所理解的經驗的外部事實有所不同的。也就是說，這種思維具有另外的出發點和真理標準。先知的全部思維，他所取得的真理，不僅取決於現有的、既成的、可見的東西，這個真理標準的轉移或者說思維的方向的轉移就體現在這裡。也就是說，這裡的真理標準已經不取決於現有的、既成的、可見的東西了，我們通常都會以這些東西為最後的目標或標準，但是這樣一種先知的思維不以這些為最後標準，而且屈居於一種最高存在物。因此先知、大衛所尋求的東西不僅僅限於意識的直接材料，就是說不僅僅限於我們日常的思想、日常的意識所能夠依賴的、想到的一些材料，這些事實、現實、經驗對他們來說不是區分真理和謬誤的最後標準。這樣一些思維的方式、特點都是從聖經、基督教的思維裡得出來的，對於我們的現代思想具有啟發意義。這種思維沒有設定可能性和不可能性的界限，即便是客觀條件決定了不可能的狀況下，也能夠看到，來自另外一個世界的希望，也就是來自更高境界的那麼一種希望，而這種希望正是和人的生命或者人生在悲劇狀況下所具有的那種思想連繫在一起的。

我們可能會提出一個問題：不以現實的、看得見的東西為真理標

準的觀點是不是一種主觀的、唯心主義的，或者是叫意志萬能論的一種觀點，甚至是一種常識性的錯誤？我們知道，對於自然規律的認識是為了更好地利用規律為人類服務，或者說來避免這些規律帶來的危害。如果說提到前面石頭下落的規律，人也是必須服從的，這樣的科學常識對於一個哲學家來說不可能不懂，但是他仍然提出「悲劇哲學」這種基本觀點，我們說他是具有批判精神的。這種觀點並不是針對這麼一個現象來提出一種常識性的、錯誤的觀念，而是針對一種理性主義的教導而言的，他提出這樣一個問題就是說造成人的生命悲劇的普遍的必然性，這種必然性只是強迫人服從，以一種威脅、懲罰的暴力手段來使人信服，而不是用嚴謹的邏輯證明來令人信服。他在這樣一個問題上提出了與理性主義哲學不同的觀點或者是對理性主義哲學的批評。

事實真理只是強迫人而不是令人信服。理性主義哲學家為什麼要說真理是令人信服的，還有的哲學家頌揚這樣的真理，要求人服從這樣的真理。這本身就包含著一種以外部的、以必然性為第一需要或出發點的自然主義的錯誤傾向或者說不足之處，這裡邊體現了悲劇哲學的一種批判的意義，它並不是主張一種什麼東西，而是針對錯誤觀點的批判。這種超越和批判，我們認為是悲劇哲學的第一個觀點。第二個觀點叫作臨界境遇的思維。我們說悲劇哲學本身是臨界境遇中的一種反抗的思維。臨界境遇就是指人的生存達到邊界和發生危機的一種境遇。存在哲學家非常注重人在這種境遇中的體驗，並且試圖從這種體驗中提煉出關於生命意義的問題。最典型的臨界境遇有兩個，一個是死亡，另一個是受苦。死亡本身是人生最大的一個悲劇，面對這個悲劇，哲學家有不同的觀點，我們可以看到三種不同的觀點。第一種

觀點是理性主義的觀點，主張人們應當理性地接受自然的必然性結果。第二種是詭辯論的觀點，回避死亡悲劇這樣的問題，認為死亡對人類來說無足輕重，認為死亡對人來說是不相干的。第三種是悲劇哲學的觀點，承認人對死亡的不接受與抗爭，是人生存本身的一個心理事實，而這種不接受和抗爭也正是悲劇哲學的一個思維依據。我們說悲劇哲學從不接受和抗爭這個事實出發，並不把不接受和抗爭作為一個不應有的東西，或者說沒有任何思維潛力的東西，而是把思維本身當作思考的依據，從這裡面我們能看到悲劇哲學的一個特點。這種不接受和抗爭是具有合理性的，因為還有一個最高的存在者可以訴求，這是宗教信仰所追求的物件。這種最高存在能夠成為人的精神寄託，正是在這個意義上才能夠對不接受和抗爭做出一種合理的解釋。當然這並不意味著信宗教的人可以超越現實可能性的界限。但是他們可以通過訴求所信仰的神本身或上帝本身得到一種精神的安慰，這種精神安慰以各種不同的形式體現出來。這是我們說的第一個臨界境遇，即面對死亡的問題，而悲劇哲學提出把抗爭和不接受本身當作思維的出發點或合理的事實，正是從這個事實出發引申出自身的一種哲學思考。

第二種臨界境遇，就是受苦這麼一種狀況。受苦本身也是具有深刻的存在哲學意義的。可以這樣來理解，就是說當人處於怡然自得的幸福狀態中時，他對於這種狀況可能是無所知覺的，只有痛苦才能讓人對自己的狀態有所意識，才能夠產生反思，對自己的生命有所思考。在這裡面，意識具有創造存在的意義，意識本身不僅僅是存在的一種屬性。茨威格在評價杜斯妥也夫斯基筆下人物的時候說過，他們全部都熱愛痛苦，用我痛故我在替代了我思故我在，這是他們最有利

的生存證明。杜斯妥也夫斯基的思想也被進行了一種存在主義哲學的解釋，證明了存在哲學的基本精神。受苦不僅是意識的原因，而且揭示了人的內在生存的意義。對於存在哲學家來說，受苦的感受，與生存本身是同一的，對於受苦的思考具有生存本身那種創造的意義。生存和思考具有同等的價值，具有同一的意義。悲劇哲學是與痛苦相連繫的，因此一切深刻的哲學體系，都不信任快樂主義甚至功利主義，禁慾主義的意義即在於此。中國有句古話叫作生於憂患、死於安樂。這句話也可以進行一種存在主義意義上的解釋，也就是說面臨死亡恐懼和受苦的處境下，人能夠煥發出生活的一種活力並且揭示出內在生命更深層的東西，是平時所看不到的、被掩蓋的深層的意義。在面臨死亡和受苦這種狀況中，人能夠進行的活動是什麼呢？無論是哭訴，還是求告，都可以歸結為一種反抗的思維。人在這種狀態下的思維，也就是它的存在本身，在臨界境遇下思維或者說反抗的思維本身，其實就是它的存在本身。在臨界境遇下，思維與存在是同一的，只是在日常狀態下才是分離的。所以，思維是從存在中產生的，也是指向存在的。因此，思維在本質上不是邏輯性的，而是本體論的；不是理論的，而是一種生存論的。

第三個觀點叫作生命的終極追問。悲劇哲學不是理論學說，理論學說是對世界的一種認識或解釋，悲劇哲學的宗旨是對生命自由的一種終極追問。這裡有兩個關鍵的概念，一個是終極，另一個是追問。傳說希臘的一位哲學家，有一次只顧思考，只看天上之物，沒有看腳下之路，結果掉到了井裡，受到旁邊一位婦人的嘲笑。這個故事的寓意是只看天上之物而不顧人間事理，是要受到懲罰的。但這也提出一個問題，難道認清世間規律的人就不會遭到懲罰嗎？當然也不是。世

間必然性的規律誰也無法逃開。忽視健全理智和科學，不可能不受懲罰，這是人們的日常經驗告訴他們的。但是相信健全理智和科學同樣不可能不受懲罰，這兩者是沒有差別的，無論忽視與否，最終的結果都是一樣的。所以服從自然規律，不是生命的終極狀態，因為還有人們在臨界境遇中的反抗，這種反抗的心理事實表明生命本身還有更高的訴求。具有崇高價值的人格，既不會消逝於自然規律中也不會終止於死亡，人格具有超越的本質。生命本身就是永無止境的追問，它並不是一個有始有終的現象，而是一個永無止境的追問。悲劇哲學到底是不是可能的？不符合道德價值觀念的人，是不是還有希望？他們的更高的訴求是不是合理的？也就意味著悲劇哲學本身是不是可能的。在我們看來，在人類生存的世界上，這些問題是永遠不可能解決的，但是並不意味著問題本身的不存在或者是虛假的，沒有終極答案正是對於人的生命存在來說，正是它的真實性或者說它的真實的生命的表現形式。正如哲學的一個定義——哲學是永遠的追問，意思就是如果說沒有了問題，沒有了追問，那哲學就不是他自己。他的問題永遠在他所能達到的那個目標之外。

　　人的生存本身永遠是一個過程或者說人性裡面一個最高的目標，永遠在他達到的目標的背後，這個過程本身是無止境的，所以生命本身、人本身也不是一個完結的現象，在一個地方可以到達終結的終點。這正是悲劇哲學的精神，就是尊重偉大的醜陋、偉大的不幸、偉大的失敗，這正是悲劇哲學的最新成就。既然是臨界境遇中的終極追問，就需要有不同于日常思維的特別的方法。對於這種特別的方法，我們總結出兩種，第一個是揭示深層的心理，第二個就是關於真實和虛偽劃分的另一個標準。這兩種方法也體現了悲劇哲學思維的特點。

所以我們講到第四部分，就要講悲劇哲學的兩種方法，第一個就是揭示深層的心理，這是悲劇哲學的方法之一，就是揭示人的內心世界中存在的兩個領域。一個領域是理性與良知，另一個領域是個性自由的心理。這裡將理性、良知、心理對立起來，當作人的存在的不同的兩個領域。在傳統學說中，這兩個領域不是並列平等的，而是保持著一種等級關係，在這種等級關係裡面，理性與良知具有最高的立法權，它們決定著什麼是應有和什麼是不應有？應有和不應有、合理和不合理靠理性和良知這兩者來衡量。而心理就是個人內心的願望、內心的要求這樣一些東西，它只是占從屬地位，它的任務就是告知人們所發生的事情。這是在傳統學說裡面，對這兩個領域的關係的定位。理性與良知是最高的、具有決定權的，而心理是次要的，不具有決定意義的，這是傳統的一種等級觀念。關於這兩個領域的直接對抗，以前沒有人公開承認，從蘇格拉底到康德和托爾斯泰，一直保持著理性與良知的對立。在這些人物所持的觀念中，理性與道德是占統治地位的。正是從杜斯妥也夫斯基開始，發生了這兩個領域的激烈的對抗，開始了一個新的時代——心理學的時代。在心理學的時代，一直隱藏在理性與良知背後的靈魂的需要開始顯露出來，而且與理性、良知發生衝突，要求自己的合法權益。用這種心理解讀法來剖析杜斯妥也夫斯基和尼采的作品，這種方法不是在文學作品中歸納和分析出作者的一般理念，而是在思想家作品中區分出一般的理論學說和這些理論學說背後所隱藏的思想家內心的體驗，並把這些內心體驗當作生命的真實體現，而不是把內心體驗當作偶然的事件。作品表面的學說和學說背後、作者深層的靈魂需要，是兩個不同層次的東西，在這些作品中我們尋求什麼或者說珍惜什麼呢？一方面是不顧理性和良知表現出來的

靈魂的需要，另一方面是按照一般樣板製作的高尚的生活方式。這兩個方面到底哪種是真實的，哪種是更重要的。拒絕科學和道德，拋棄美與崇高，反抗二二得四的人，他們的觀念和思想探索才是杜斯妥也夫斯基內心深處的真實的體驗，我們要從這樣的現象中挖掘更深層的意義。這也顯示出了存在哲學家最根本的思想。

　　從這裡面也引申出了第二個問題：學說和生活哪個是更加真實的？這是關於真實和虛偽的區分。這種區分是不同於日常生活的常理的。悲劇哲學的區分方法是通過對尼采的分析來體現，堅持用生命的真實來反對理論的虛假。這裡面理論是一回事，而生活本身則是另一回事。尼采的著作中也有兩種東西，一種是抽象的理論，另一種是與自己生命實踐相關的問題。在他的作品的背後包含著一種追問，就是個體的個人的存在、個人的願望與要求在規律面前或者是普遍的、一般性的理論面前到底哪個是更重要的。一位哲學家曾說，我們在尼采的著作中不應當去尋找那些他背離內心自然生長出來的需要而得出來的結論，而應傾聽尼采在其著作中為我們所講述的他自己的生活。

　　我們能夠從尼采的作品裡面看到這樣一種東西，正是從尼采本人的生活、本人的疾病所帶來的不幸挖掘出來的東西，還傳來了新的話語。新的話語就是不同於我們前面所講的理性和良知的那種一般的理論，或者是全人類的普遍的真理，它把人的真實和人的真理對立起來，當作一種對立的東西。在這種對立裡面，我們看到哪個是更加重要、更加真實的東西。一個是人的真實，另一個是人類的真理。在我們看來，「真理」中加上一個「理」字就表示它不一定是一種真實的現象，而是具有了普遍性和一般性，當真理具有了普遍性時就具有了強制性，具有了強制性的時候，是否真實就是另外一種問題。在悲劇

哲學的思維中，有一種關於真實、真理、現實與虛假、謊言、說教對立的觀念和價值標準。從終極的觀點來看，平凡的日常生活不是最後的真實，而是虛幻和夢境，被思維理性絕對化了的日常規範和道德安慰則是謊言和說教。這是悲劇哲學對真實與虛幻或者說現實與謊言這兩者予以區分的一個基本的觀點，就是要從終極的觀點來看，或者說從人的生活、生命本身的真實的深處來看。在悲劇體驗中，對於普遍性和必然性的反抗才是生命的真實，雖然未必是人類的真理，但一定是生命的真實。在反抗中走向最高存在物的努力才是對真理的探索，這種探索顯然是一種個體的生命性的追求，而不是一個普遍的真理標準或道德觀念下的行為。人生悲劇的現實結果，並不意味著深層的靈魂需要是應當否定的，當然人的生命本身有很多的悲劇苦難，這些現實的結果不意味著深層的靈魂需要是應當否定的，重要的是靈魂的反抗和追問本身。悲劇哲學就是用活的生命體驗來拷問和檢驗不服從科學與道德的人有沒有自己的生存權利。這是我們對悲劇哲學兩種方法的一種基本解釋。

最後講一點啟示。哲學思維對人的一種關懷，是揭示真理還是傳播道德。我們剛才講到悲劇哲學和理性哲學的對立，關於真實與虛假，關於學說和生活，這兩者的區分中都會產生這樣的疑問。悲劇哲學贊同對必然性的反抗，它不像理性主義那樣主張從必然性中得出一種倫理的結論，要求我們冷靜地接受命運給人們安排的任何事情，而是贊同對必然性的反抗，主張超越和付諸信仰。這時，我們就會問付諸信仰中的最高存在是不是有效的？在現實強有力的反駁面前，如何為自己辯護？如何確立自身？最高存在者能不能使人避免死亡和受苦？但是悲劇哲學所說的並不是付諸上帝就能夠改變外部狀況，這個

本身是一種常識，悲劇哲學所說的是人的內在感受的一種改變。不管人有沒有信仰，他們都一樣要服從自然規律，一樣會面臨死亡。但是有兩個不同：第一個不同就是外部的服從，是毫無希望的一種終極的判決；第二個不同即信仰是人自發的狀態，能夠發生改變。但是我們說進入信仰世界並不意味著對於人的存在問題的一個最後的解決，只要有人的生命的存在和發展，就有個人與世界、自由與必然的不斷的鬥爭。人與必然性的反抗和鬥爭才是最後的真實、真理。悲劇哲學給人展現出生命的真實，而不是提供普遍的真理。從人類內心的體驗來說，外部的理性和良知和個人的內心的個性的需要，這兩者的對立也是一直存在的事實，對於事實本身，無論是從普遍的外部觀察來說，還是從每個人內心劃分的層次來說，教人服從的普遍規律只是一種說教。但並不是說這種說教就是不好的東西，在社會生活中，這種說教是有意義的，也是必要的，對外部的生活來說有很大的重要性。

因此，從悲劇哲學的觀點和方法中，我們得出的啟發之一就是，一種哲學式的人文關懷或許不在於提供一種普遍化的理論說教，而在於揭示個體性的生命真實。這是我們從悲劇哲學的一些基本觀點裡得出的一點啟發。我今天想給大家講的就這些，謝謝。

2010年於華中科技大學演講

梁青根據錄音整理

讓「理性」以「理性的方式存在」

童世駿　華東師範大學哲學系教授

　　我認為馬克思最重要的話是在一八四五年《關於費爾巴哈的提綱》中的第十一條提綱:「哲學家們只是用不同的方式解釋世界,而問題在於改變世界。」這是馬克思最有名的話,並刻在他的墓碑上。我去年從社科院還多少帶點學術性的崗位——哲學所所長調到華師大現在從名冊上看不出和學術有什麼連繫的崗位上,之後我就用馬克思的這句話來安慰自己。現在我不再做解釋世界的工作,而開始做改變世界的工作。

　　如果要挑馬克思第二句重要的話,大概會是《共產黨宣言》中的一句話,它是恩格斯確定的。晚年,有人請恩格斯為一個雜誌題詞,他想來想去最終寫了這句話:「每個人的自由發展是一切人的自由發展的條件。」每個人的重點在於個體,所有人的重點在於整體,也就是說個體的自由發展是整體自由發展的條件。

　　第三句重要的話應該就是這句:「理性向來就存在,只是不總具有理性的形式。」這句話很明顯有黑格爾的痕跡。今天在中國,很大程度上是要學習馬克思主義的內在精神的,而這句話把馬克思主義的內在精神揭示得比較好。也就是說,它是內在批判的一種學說,它對物件的批判標準並不在物件之外,而是在物件之中。我們目前對物件進行批判是因為物件的存在形式並不理性,但標準在什麼地方呢?標

準恰恰就在物件當中，所以理性和理性的存在形式之間存在矛盾，使得我們一方面有必要進行批判，另一方面又使我們有可能解決矛盾。馬克思用這句話來表達內在批判精神，「理性向來就存在，只是不總具有理性的形式。因此，批評家可以把任何一種形式的理論意識和實踐意識作為出發點，並且從現存的現實特有的形式中引申出作為它的應有和它的最終目的的真正現實。」在馬克思看來，對當時的宗教、政治和意識形態等的批判標準，就在批判的對象當中。

什麼是理性？這離不開黑格爾的努力。黑格爾可以說是馬克思實質性的老師。黑格爾的辯證法影響了馬克思，我覺得最重要的影響就在於黑格爾的理性觀。黑格爾的理性區別於抽象的理性，是一種具體的理性，又是一種充滿著矛盾的內在完全同一的理性，最重要的是具有自我批判的內在潛力和內在衝動。黑格爾在《歷史哲學》中寫道：「一方面，『理性』是宇宙的實體，就是說，由於『理性』和在『理性』之中，一切現實才能存在和生存。另一方面，『理性』是宇宙的無限的權力，就是說，『理性』並不是毫無能力和作為，並不是僅僅產生一個理想、一種責任，虛懸於現實的範圍之外無人知道的地方；並不是僅僅產生一種在某些人類的頭腦中的單獨的和抽象的東西。」

一般哲學家會把理性看作是單獨的、抽象的東西，看作是人的一種能力或觀念當中的東西。黑格爾所理解的理性在客觀世界當中是一種客觀的理性，這樣一種理性實際上和黑格爾的兩位前輩關係非常密切。剛才黑格爾的那段話同時也可以用他自己的一個概念來概括——「理性的狡計」。它存在於物件之中，但是它不直接表現出來，特別是在人類歷史進程當中。如果我們理解人類歷史的本質或者說內在的規律，那麼我們可以捕捉到理性。但理性並不是直接表現出來，它是

通過許許多多個人，特別是偉大個人的各種各樣的行為表現出來，這些偉大個人有好多毛病，犯下很多錯誤，甚至造下很多罪孽。但是從哲學的高度來看，透過這些個人的激情，他們的惡行、貪欲，你會看到歷史是朝著一個方向、目標在走。黑格爾把這樣一種現象叫作「理性的狡計」，它並不是直接坦率地表達出來，而是躲在很多的非理性背後實施它的技巧和計謀。

實際上，在黑格爾之前也有類似的思想，我覺得康德有一個很重要的觀點和黑格爾的「理性的狡計」非常一致──「大自然的隱蔽計畫」。康德對人類歷史的進步有三種論證：第一種論證是並非不可能論證，如果我們對人類的進步抱有期待的話，並不違反邏輯，是有這種可能性的，儘管這種可能性只是一種邏輯可能性；第二種論證是「大自然的隱蔽計畫」，哪怕是一個魔鬼的民族，他的成員如果是理性的，最後也會達成法治社會（不同的民族之間只要是真正地在為自己的利益行動的話，最後還是會達成和平，這背後就是「大自然的隱秘計畫」在發揮作用）；第三種論證即人類的社會進步是人類的一種道德責任，因為我們有了這樣一種道德責任，所以我們往前推進。大家都知道亞當·斯密的「看不見的手」，這是亞當·斯密最有名也是最容易引起誤解的一句話。他認為市場最大的好處就是在市場競爭當中，市場主體出於自己謀利的意圖，最終會達成對公眾有益的結果，似乎有一隻看不見的手在操縱著，把諸多追求個人利益的個體行為朝著公共的善的方向在推，這叫「看不見的手」。

馬克思的歷史規律大概也是這樣的意思，歷史規律和人類進步最終是一致的。我覺得有些教科書對這種一致的理解簡單了一點，但也是把歷史規律看作是在隱蔽處，在實質的地方引導歷史過程往前走。

一些思想家都相信客觀世界包括社會事件、歷史進程有內在的理性存在，當然他們並沒有幼稚到看不到實際世界當中的大量不理性的存在形式，好多現象會出乎他們的意料。如果他們今天來解釋這個世界，不知道他們對「理性向來就存在」這個信念會不會動搖。但是他們會做很嚴肅的對待，因為在這個世界上，在二十世紀、二十一世紀出現了很多非理性的現象，足以使我們重新思考「理性向來就存在，只是不總具有理性的形式」這句話的真實含義。

日本福島核洩漏、三鹿奶粉等，這些都是理性存在的一種方式。科學家研製出來的配方，化學的分子式，最終造出來的產品出現了這樣的情況。更大規模的當然是全球變暖，這也是理性存在的一種形式，但這種方式顯然是非常不理性的，它是科學技術進步的一個結果，也是自然規律發生作用的一種特殊的方式，但對於這種方式，我們顯然不願意承認它是理性的。「9‧11」是高度精確的用現代飛行器來攻擊現代建築大樓的事件，從技術上來講精確到不可思議的地步，就好像在多少距離以外射箭射到遠處的一根香煙頭，那麼快速度的飛機撞到了紐約雙子大樓。其實在社會領域，我們這一輩經歷過像文革這樣的十年內亂，一亂當然就沒有理性可言，但它裡面是不是也有我們可以捕捉到的理性的東西呢？對於這樣一些情況，我們會問：難道理性向來就存在嗎？我想如果黑格爾看到這些事情的話會覺得驚訝，但是他不會驚訝到完全推翻他的觀點，包括馬克思也應該會這樣想。我們要想辦法跟著他們或者模仿他們來思考一下理性的存在和理性的形式之間明顯的差別。我覺得黑格爾大概沒有幼稚到、簡單到把理性看作是像精靈一樣生活在客觀世界的東西，不會像原始人那樣來思考，他還是會從人和客體的關係當中來理解這個理性。所以說世界

是理性的，很大程度上來講就是這個世界是可以被理解的，我們理解這個世界的時候我們就把握了世界之理性的存在。這是我很沒有把握但我覺得是比較合理的一個解釋。因為超出了神學和巫術的階段後，怎麼自信地說世界是理性的？我們強烈地相信這個世界是可以被把握和理解的。當然我們還沒有完全把握這個世界，但人活在這個世界上的使命就是要理解它，所以你相信世界是可以理解的，這一點至少是可以讓你永遠不滿足現有理解的一個狀態。愛因斯坦講過：「The most incomprehensible thing about the world is that it is comprehensible.」這是一句看起來有點自相矛盾的話，愛因斯坦堅信這個世界是可以被理解的。

我們用科學來理解這個世界。典型的科學命題是全稱命題，單個的命題只是一個事實，但作為我們科學研究的任務的話很大程度上是用全稱命題來解釋，比如凡是金屬都能導電。全稱命題可以改寫為假言命題，這是杜威的一個說法，杜威對科學進行了工具主義的理解。從邏輯上來講有依據，典型的科學命題是描述的、全稱的，但這種描述的、全稱的命題實際上可以改寫成為假言命題，假言命題又可以改寫成為實踐性的、工具性的命題。如果一塊材料是金屬，它就具有導電性，這句話的含義和「凡是金屬都能導電」是差不多的。這個假言命題很容易和為了達到導電目的使用金屬材料這樣在工程技術上經常使用的判斷連繫起來。

如果我們接受這樣一種說法的話，理性就至少有這樣幾種含義。第一種是理論範疇的，對這個世界進行認知，還沒有說要改變這個世界；第二種是實踐範疇的，要改變這個世界。理性在不同領域有不同的表現，在理論範疇這個領域表現為真實性。一塊材料是金屬，它就

具有導電性，你能判斷它是真是假，這是理論範疇理性的體現。那麼，實踐範疇的表現呢？為了達到導電目的，可以使用導電材料，這是我所理解的實踐範疇的理性的具體表現。理論範疇的理性其實問題不大，科學家很少懷疑科學命題有真假，科學認識有沒有理性。但在實踐領域，這個問題就比較重要，實踐範疇的理性包括目的和手段兩個方面。在這兩方面當中，我們對手段進行判斷還是比較簡單的。比如剛剛那個命題，為了達到導電目的，可以使用導電材料。我們選擇金屬這個手段是理性還是非理性的，這個判斷還是比較簡單的，但它和目的的關係怎樣？它是不是有助於實現這個目的。關鍵是這個目的，我們該怎麼來評價。在這個判斷當中目的是為了導電，導電又是為了什麼？如為了接通電器，為了方便生活，等等。但是終有一個本身就是目的的東西，你不能一直這樣推理。我們講方便人生，為什麼要方便人生？為了幸福，為了舒服。終有一個你沒有用更高的目的來評價的目的，對這樣一種目的，你對它進行評價有沒有可能，有可能的話怎麼來評價，現在好多問題都出在這個地方。

判斷一個目的是否理性，我認為最重要的兩條標準是可行性和可遇性。可行性很重要，很多人會忘記可行性，一講到目的就會問是不是正當、崇高。杜威提醒我們，考慮一個目的的正當性的時候，千萬不要忘記可行性也是內在的標準。如果目的根本就不可行，那它就不具有正當性，我覺得這個是應該承認的，但是我們不能僅僅把目的的可行性看作它的正當性的標準。工科學校對這一點是最能夠理解的，像基因工程、基因改造這樣一些技術最終面臨的就是這些問題。科學家只是由可行性來證明一件事該不該做，技術上可行是不是就一定是社會上、倫理上可遇的，所以可遇性非常重要。這樣的話，我們就把

對理性判斷的難題歸結到對目的的可遇性的判斷上。什麼是判斷目的的可遇性的標準？一提出這個問題，我們現在難堪的處境就明顯了。我們現在是什麼處境呢？我們現在是現代的處境。判斷目的可遇性的標準在傳統社會是有標準答案的，是有《論語》、古老的規矩、古人之言、聖人之言等給我們該做什麼、不該做什麼的標準答案的。進入現代社會以後，這樣一種處境發生變化了。

毛澤東講過，我們共產黨員都應該知道：「共產黨人凡事都要問一個為什麼。」這句話他是針對共產黨員講的，其實也是對現代人講的。現代人的特點就是凡事都要問為什麼，你給出一個回答，他就問你為什麼。這聽起來有點像哲學家，也有點像小孩。哲學家和小孩有一個共同特點就是他們不容易受條條框框的限制，其實哲學家和小孩最能體現現代人之為現代人的典型特徵。當然很少有人是典型的現代人，腦子裡都有點傳統的成分在起作用。但如果是一個純粹的、典型的現代人的話，他一定凡事都要問個為什麼。胡適也是這樣：「我為什麼要幹這個？為什麼不幹那個？回答得出，方才可算是一個人的生活。」這也是蘇格拉底的智慧：「一種未經考察的生活是不值得過的。」蘇格拉底是在兩千多年前就比較具有典型的現代氣質的雅典人。這樣一種情況是蠻糟糕的，為什麼的問題一路問下去，矛頭最終會指向歷來被當作權威答案的種種行為，甚至連人們一般都不會問的問題也會被問出來。在西方大學的課堂上，老師們覺得最尷尬但也最習以為常的問題就是「Why be Moral？」《Why be Moral？》這種書名的書還不少，甚至我前段時間還找到一本書《Why not eat people？》，為什麼不吃人在理論上也是個問題，這是現代人才問得出來的問題。

對這樣一種情況，我引用三個人的三種說法。最有名的人是尼采，當然他也是引用別人的話，他的整個哲學都在顯示這樣一種說法：「上帝死了。」原來的標準答案都是上帝提供的，上帝死了，也就沒有標準答案了。馬克思、恩格斯在《共產黨宣言》當中的這句話可能更加確切：「一切神聖的東西都將被褻瀆。」所謂神聖的東西，就是不可褻瀆的東西，將被褻瀆，那就是說它終將不具有提供權威答案、不具有讓你就此打住的作用。這樣一個說法的更具體的表述是霍克海默的一句話：「從理性的概念當中不可能引出反對謀殺的根本性論據。」謀殺當然是非理性的，但「從理性的概念當中不可能引出反對謀殺的根本性論據」。哈貝馬斯是霍克海默的學生，兩人的關係是研究法蘭克福學派的學者感興趣的一個話題，因為他們的關係比較複雜。哈貝馬斯在前幾年的一個講演中說，霍克海默的這句話讓他煩惱了一輩子，他深深為這句話所困擾。很大程度上他的「溝通行動理論」的闡發也是要回應這樣一句話，從理性的概念當中是不是真的就引不出反對謀殺的根本性論據，如果真的是這樣的話，理性的價值又在什麼地方？

　　我們對這種情況再稍作分析。剛才講的「上帝死了」也好，「一切神聖的東西都將被褻瀆」也好。這樣一個過程或者說神聖的東西非神聖化的過程，學者們稱之為世俗化過程。在西方，世俗化過程對精神生活的最大影響就是虛無主義成了現代社會的流行病，尼采是虛無主義最極端也是最忠實的代表。中國進入現代社會以後當然也受這樣一種現代精神處境的影響，同時中國文化又有一些特點使得中國發生的虛無主義帶上它自己的特點。理性在現在這個時代以一種複雜的方式存在著。我們說這些存在的方式不是理性的，理性沒有以理性的方

式存在著，那麼到底什麼是理性的方式呢？

　　馬克思的這句話有四種表述方式，其德語原話是：「Die vernunft hat immerexistiert，nurnichtimmer in der vernünftigen form.」它有兩種英文翻譯：「Reason has always existed，but not always in a reasonable form.」「Reason has always existed，but not always in a rational form.」這兩種翻譯方法都對，但rational和reasonable這兩個詞語，在中文裡都可以翻譯成理性的，在這一點上中文和德語是一樣的。但關鍵是在英文裡，rational和reasonable這兩個概念是不一樣的。這兩個概念在英文中經常出現，到底應該怎麼翻譯。我個人主張這麼翻譯，把「reasonable」翻譯成「理性的」，把「rational」翻譯成「合理的」，也就是把「reasonable」和「rational」的區別明細化。它們在英文當中是兩個概念，但在德語當中沒有辦法區分。「vernunft」有時候只能理解成「rationality」。而「rationality」大家都知道，這是馬克思・韋伯用來研究現代社會時用的一個關鍵概念，非常有意思。他在研究現代社會的特點的時候，明明可以用「vernunft」，這是德語中現成的用得更普遍的詞，但是他幾乎避免用這個詞，而選擇用「rationalit t」。對於「rationalit t」，從馬克思・韋伯以後，普遍地把它理解成側重用來刻畫相對於目的的手段的合理性。也就是說，它不問目的是否合理，它只問手段相對於目的來說，它的合理性在什麼地方。所以我把「rationality」翻譯成「合理」；「being reasonable」和「rational」是不一樣的，我把它翻譯為「講理」。剛才講的是馬克思・韋伯的《新教倫理與資本主義精神》，他對「rationalit t」做了非常豐富的解釋。在他的影響下，理性從一個存在於客觀規律當中起著規範和評價作用的概念變成了我們用來描述現代社會工具化、技術化傾向越來越明顯的概念。你可以說馬克思・

韋伯在理論上是錯的，錯誤的理論如果反映了錯誤的現實的話，它就具有認知上的真實的價值。這個社會本身的理性發生了偏差，它越來越工具理性化，不管目的和價值。馬克思·韋伯把工具理性看作是理性的主要形式，可以說是準確地把握了社會的主要特點。

二十世紀後半期，這樣一種工具理性化的傾向，在以西方政治哲學家約翰·羅爾斯為代表的學者那裡有一個非常強烈的反彈。他的《正義論》提出了兩條正義原則：一是每個人都有平等的權利，享有最廣泛的基本自由，但這種自由，不背於其他人的類似自由；二是社會的和經濟的不平等應這樣安排，使它們既能符合每個人的利益，又與地位和職務平等地向所有人開放相關聯。重要的不僅僅是他提出的這兩條正義原則，還有他對正義原則進行論證的方式，這種論證方式很獨到。在現代社會，他意識到，我們論證一條社會原則很難從一個高位原則中引出來，因為對作為前提的高位原則，你還可以問一兩個為什麼，所以只是通過從高位原則引出一個社會原則的話，這種論證方法現在已經很繁瑣了。你也不能通過概括、通過經驗歸納來論證一條原則，如「世界上那麼多人都過這樣一種生活，並不是這樣一種生活就是好的生活」的決定性論據，這從邏輯上也是清楚的。約翰·羅爾斯採取的方法是換了一個思路，他說我們論證最好是在社會當中的人們已經信奉著的，但又不那麼清楚地信奉著的，我們理論的工作是把正常社會中的人們的直覺清晰化、系統化。那麼，怎麼把正常社會中的人們的規範性的直覺清晰化、系統化呢？

約翰·羅爾斯設想了一個實驗。假定房間中有一夥人，我們代表全人類對幾套可選的正義原則的方案進行選擇，但是又規定大家不能從自己的利益出發，因為如果你是身體好的男性，你會選擇只有利於

你這個群體的正義原則。所以他設計了一個「無知之幕」，就是每個人把自己的特殊資訊隔絕掉，因為是理想實驗，我們可以假定是這樣的。但是我們具有人之所以為人的理性，每個人都是合乎理性的，來進行理性的盤算，來對各種各樣的方案進行比較，什麼是對人有利，什麼是對人不利，萬一我是弱者的話我會希望是什麼原則，萬一我是強者的話我會希望是什麼原則。我到底是什麼我不知道，因為被「無知之幕」隔開了。這樣一種論證方法，關鍵有兩個概念。他最初用的是一個概念，「rational」的人進行「rational」的選擇，你不能選擇明明對你不利的選擇。理性的人是有理智的，會進行正常的推理，包括道德推理。後來他發現，這兩種情況對同一個詞的描述有點問題。我們進行的選擇是理性的，符合決策論的原則，符合經濟學原理，經得起科學推敲，這是一種理性。我們進行選擇的人，他也是理性的，如果這些人只是為自己謀利益，只想著把自己的利益最大化，甚至只想著壓倒別人，把自己的快樂建立在別人的痛苦之上，諸如此類的，要把這樣一些要素也排除掉的話，只使用「rational」這個概念是不夠的。因為一個「rational」的人很有可能就是剛才講的只顧自己利益、不擇手段去謀取自己利益的人，把自己的快樂建立在別人的痛苦之上。對於這樣一些人，有時候我們會覺得他特別「rational」，但是我們又不喜歡這種人，所以光有「rational」是不夠的。這時候他就講，恐怕我們要用「reasonable」這個概念來描述在原初狀態當中選擇可選的正義原則方案的人。所以不應該說合理的人進行合理的選擇，而應該說講理的人聚在一起進行合理的選擇，「reasonable person」進行「rational choice」，所以他強化了「reasonable」和「rational」這兩個概念之間的區別。這工作本身不是他做的，他在後期的主要著作《政治

自由主義》明確地引用了二十世紀五〇年代的一篇蠻短的文章，清清楚楚把這兩個概念進行了區別，而且又把哲學史上類似的沒有明確表達的思想都列舉出來，所以，「rational person」和「reasonable person」是不一樣的。

現在我們來回答什麼是理性的形式，它不能是「rational form」，而是「reasonable form」。回到我們之前講的英文的兩個翻譯：「Reason has always existed，but not always in a reasonable form.」如果這樣來翻譯：「理性向來就存在，只是不總具有理性的形式。」這句話自相矛盾的含義可能就會淡一點。當然我覺得更好玩的是一種自相矛盾的表述，事實上「rational」和「reasonable」也不是那麼截然分開的。我們要把概念搞清楚的話，我覺得借助英語當中的區分比較方便。同時我們可以說中文也有德語的一些優點，因為「理性」和「理性的」是一個綜合的表述，它同時表達了「rational」和「reasonable」這兩層含義，在英文當中恐怕就沒有這個便利。對於形容詞，要麼選擇「rational」，要麼選擇「reasonable」，沒有一個同時表達這兩種含義的詞。而中文「理性的」與德語「vernunft」具有同樣的功能，它同時表達「rational」和「reasonable」這兩層含義。但是中文比德語又多了一個優點，德語就沒有這個詞，你去問德國人的話，他們會回答：「Of course we have vernünftig.」但是「vernünftig」也是表達「rational」的含義的，包括我前面講的馬克思・韋伯提出的「rationalit t」，但這種表達並不清楚。漢語當中，如果大家同意我剛才的表述的話，我們可以有一個清清楚楚地表達兩種含義的詞——「理性的」。它同時兼具「合理的」、「講理的」這兩種具體的表現形式。「理性的」是一個總體的形式，「合理的」和「講理的」分別對應「rational」和

「reasonable」。

對於最近講得很多的「理性維權」，我們該怎麼理解？

我在網上查了一下「理性維權」，有四萬三千條相關資訊，「理性維權」顯然是我們這個時代的關鍵字，或者說常用詞。關鍵是「理性維權」中的這個「理性」是什麼含義，是「rational」還是「reasonable」的含義？有的時候簡單地下結論很不容易。有一些維權的場面，防暴員警都出動了，自焚之類的行為當然不是理性的維權。我自己在學校做相關工作的時候，跟周邊的拆遷戶打交道，他們把自焚當作一種可能性懸在那裡跟你談判，這是一種高度「rational」的方式。這就取決於你是怎麼理解理性的，他將一種「totally unreasonable」的可能性放在那裡，他跟你談判，他往往能得到對他來說非常有利的談判結果。下面這個例子可能大家更為熟悉。南航晚點，旅客非常憤怒，跑到跑道上攔截將要起飛的飛機。這是理性嗎？當然是非常不理性的，「but perhaps very rational」。這種情況表明，我們對什麼是理性的形式可能要做點思考。

「理性向來就存在，只是不總具有理性的形式。」我們解釋了什麼是理性，可我們沒有得出答案。然後我們又解釋了什麼是理性的形式，其實我們也沒有得出答案。我們再回過頭來看，「理性向來就存在」是什麼意思？或許我們可以從向來就存在著理性的中國文化當中得到既是對「理性是什麼」的解釋，也得到「什麼是理性的形式」的解釋。

在這一點上，我想到了梁漱溟。因為在二十世紀中國現代哲學家當中要找一個對理性最有研究的哲學家，人們可能會有不同的觀點，有些人不願意把梁漱溟叫作哲學家，但作為思想家，梁漱溟是當之無

愧的。因為從他早期最出名的那本書——《東西方文化及其哲學》當中，他就已經把理性作為他的最重要的概念。一直到他的晚年，他在「文革」中寫成的但沒有出版的《中國——理性之國》，都在關心理性這個問題。梁漱溟終其一生都在討論理性的問題，他認為人類行動有三個動力：一個是力，一個是利，一個是理。我跟老外講梁漱溟的想法的時候，特別麻煩，這三個字的發音都是一樣的。漢語當中經常會有這種情況，特別關鍵的概念用發音相同的漢字來表達，比如說法制和法治，要很實際地講「你是刀制還是水治」，刀制的法制和水治的法治是不一樣的；然後是權力和權利，「power」和「right」，從範疇來講非常不一樣，在很大程度上就是因為這兩者容易混淆起來，「right」的意思不及「power」的意思，也是因為法制和法治的不分。

哈貝馬斯的交往行動理論最在乎的是三個東西，一個是「money」，一個是「power」，一個是「reason」。所以，東西方思想家是不約而同的。他認為人類社會最初占主導地位的是力量的力。後來資本主義來了，唯利是圖的利益占主導地位。人類的未來社會將是理占支配地位。社會主義之所以優越於其他社會制度，就是因為社會主義是一個講理的社會。他做了一些考證，說恩格斯追溯了社會主義和啟蒙運動之間的關係，他們的共同點就是把一切放在理性的法庭上審判，把理性看作是最高的裁判。梁漱溟由此說社會主義和理性的連繫多麼密切。歐洲的啟蒙運動受到中國文化的影響，尤其是受到東方理性主義的影響。所以社會主義運動產生於西方，受到東方的影響，然後又到東方來，到中國來，只有中國才是最適合搞社會主義運動的地方。

然後梁漱溟在「文革」的時候說：「這就是為什麼蘇聯變了，我

們卻沒有。」追溯到中國文化的傳統，孟子說：「以力服人者，非心服也，力不贍也。以德服人者，中心悅而誠服也。」他把心服和口服分開，將以力服人和以理服人區分開來。梁漱溟說，反對以力服人，尤其強烈譴責一切非正義的戰爭，這與孟子所講的「人同此心，心同此理」是一脈相承的。梁漱溟還說：「你願意認出理性何在嗎？你可以觀察他人，或反省自家，當其心氣和平，胸中空洞無事，聽人說話最能聽得入，兩人彼此說話最容易說得通的時候，便是一個人有理性之時。所謂理性者，要義不外吾人平靜通達的心理而已。」他還有一個例子非常有意思，在家庭生活當中，一個人上有父母，下有子女，一切引以為己則，勞累而無怨，但有的時候力不從心也會有做事情不周到的地方，這個時候家裡人如果責怪他那就不好，如果他自己責怪自己那就更不好。他講這種人情和我們的日常生活，和具體的人文關係，和特定的非常生動的生活情境是連在一起的，這就是理的特點。梁漱溟做了一個重要的區別，把理性和理智區別開來。他講的理性類似于羅爾斯講的「reasonable」，他講的理智類似於馬克思·韋伯講的「rational」，他覺得中國文化的特點在於理性高於理智。那麼有意思的是，這樣一種觀點也得到了羅素的重視。

羅素大概是現代西方哲學家當中知識最淵博、見識最廣、影響最廣的哲學家，他得過諾貝爾文學獎，創立了數理邏輯，在分析哲學的創建過程中也是最有功勞的少數幾個人之一。他興趣廣泛，不像他的學生維特根斯坦專注做哲學。維特根斯坦最早的一本書——《邏輯哲學論》是交給羅素看的，交給羅素之後，由於發生第一次世界大戰，他自己就到前線當兵去了。羅素在維特根斯坦生死未卜的情況下，替他仔細整理出版了這本書，而且還寫了一個很長的序，闡發了維特根

斯坦的思想，發展了羅素思想當中非常重要的邏輯原子主義。所有這些工作做好以後，維特根斯坦從戰俘營出來，得知羅素給他整理這本書並出版，而且還寫了序言，還發表了很多觀點，就跟羅素說：「你完全誤解了我。」羅素就是這麼一個好學的人。維特根斯坦上課，羅素經常會去聽，而且會做筆記，他做筆記不像另外一個老師摩爾那麼勤。維特根斯坦上課，摩爾老師一直去聽，後來還出版了好幾本摩爾老師聽維特根斯坦課的聽課筆記。羅素在一九二○年十月訪問中國，一九二一年七月離開，在中國待了十個月，去了好多地方，做了很多講演，回去以後，他又發表了關於中國的一系列論著，並且把這些文章結集出版，就叫《中國問題》。在他晚年，這本書又再版，他重新寫了序，他說這本書當中除了一些具體事實的討論外，具體觀點維持不變。這本書對中國有一些非常重要的判斷，比如中國是一個文明型的國家，不是一個政治型的實體。近幾年，上海人民出版社出了一本張維為的《中國震撼》，裡面的核心概念為：中國之所以成功就是因為他是一個文明型的國家。其實這個觀點羅素早就提出來了，他對中國傳統道德有很高的評價。最重要的是兩個評價。第一，他已經看到了中國崛起。羅素於一九二二年出版的這本書裡面已經講了，中國物產豐富，人口眾多，完全能成為僅次於美國的世界強國，他覺得中國崛起一點都不稀奇。第二，他在誇獎中國人的時候，用了一個詞叫「reasonable」，中國人很會生活，特別善於享受，特別懂得幸福，在藝術上追求精美，在生活上追求「reasonable」。

　　為什麼我會想到羅素呢？因為羅素是梁漱溟非常喜歡的一個人，梁漱溟在《東西方文化及其哲學》中就已經提到了羅素，他在之後的幾本書裡面，包括《中國文化要義》、《人心與人生》，甚至晚年的《中國——理性之國》裡面大段地引用羅素的話，誇獎羅素對中國

的前途看得準，對中國文化評價得好。他寫了一篇文章，《旁觀者清——記英國哲人羅素五十年前預見到我國的光明前途》，是一九七二年國慶前寫的文章。這不是別人逼迫梁漱溟寫的，梁漱溟在自己的範圍內完全可以自由寫作，他是真心那麼認為的。梁漱溟和羅素的這樣一種契合，我們前面也講到羅爾斯，還有很多西方哲學家，像Stephen Toulmin，他有本書就叫《Return to Reason》，大概的意思就是說，經過兩百年的理性的歧途，「reason」變成「rationality」，走歧路了。因為現在有好多新的發展，「reasonable」又回來了，又回到「reason」的本義來了。現在不少哲學家都在談論這些。這樣一些不同思想傳統出來的思想家，在不同語境中所表達的共識，我覺得非常值得我們重視。

最後，我們來看看到底如何讓理性以理性的方式存在。

我們生活在當代中國，出發點必須是我們自己的祖國，我們自己的社會，我們自己的現實。這一點是呼應我講演一開始引用的馬克思的那句話：「理性向來就存在，只是不總具有理性的形式。」這句話的最重要的含義就是要把社會批判工作和社會建設工作結合起來，它不是純粹的破壞性的工作，要把我們對物件的批判和對物件的內在理性的挖掘結合起來，把批判的標準也從批判的物件中引發出來，所以我們的出發點必須是我們自己的政治文化，我們自己的社會現實。我們很多人的思想都受到毛澤東思想的影響，在實踐論當中，他用了很多理性的概念，但這是在知識論的意義上用的，是在講感性認識和理性認識的區別，講經驗主義和理性主義的區別等等。他只是在講認知的不同階段，當然也是在講理論和實踐之間的關係，但是還沒有涉及我們前面所講的理論理性和實踐理性，這個是我們要知道的。

我們今天要講的理性和教科書當中、認識論當中的理性是有區別

的。作為人的理性區別於動物的理性，或者說當我們在討論人與自然的關係時所講的這種理性，毛澤東不是沒有涉及，卻是以一種非常特別的方式涉及的。整個《毛澤東文集》共八卷，在這種意義上使用理性的概念只使用了一次，就是在以下的話當中：「人是物質發展的一個高級形態，不是最終形態，它將來還要發展，不是什麼萬物之靈。人首先是社會的動物，資產階級總是強調人的理性（精神），我們不應如此。」這是毛澤東關於我們講的理性的理解。但是我們要看到我們的主流意識形態實際上不要說從抗戰的時候到現在，就是從改革開放初期到現在都已經發生了非常重要的變化，我們必須理解這樣一種變化，不是把這種變化看作是一個截然的對立，也不是把它看作完全的不變。

在最近幾年當中，理性已經成了一個官方文件當中經常出現的概念。比較早出現的一個重要檔是國務院於二〇一〇年頒布的「十二五規劃綱要」，其中有這樣一句話：「弘揚科學精神，加強人文關懷，注重心理疏導，培育奮發進取、理性平和、開放包容的社會心態。」二〇一一年四月到五月《人民日報》發表了本報評論部的一系列文章——《關注社會心態》。第一篇文章題目是《「心態培育」，執政者的一道考題》，它的出發點就是「十二五規劃綱要」，一組五篇文章和《人民日報》通常的文章風格非常不一樣，後來也引起過一些爭議。其中有一篇文章就直接讓「理性」這個詞上了標題，在《人民日報》的文章當中「理性」這個詞上標題，我的印象中不多。文章裡面講：「今天的社會生活當中，『理性』正成為一個熱詞。」這是《人民日報》評論部的文章，這組文章當中有一篇文章的標題引起了很多人的批評，特別是黨內學界受原來思想影響比較大的人士的批評。《人民日報》評論員的文章直接代表黨中央的聲音，但是《人民日報》

評論部的文章的開放空間和尺度比較大一點。重要的是有這組文章闡發這樣的命題、這樣的思想，在二○一一年十月閉幕的中央十七屆六中全會當中也寫進去了，這非常重要。也就是說，雖然這組文章具體的表達可能不具有那麼高的權威性，但是這組文章所論證的觀點得到了中國最高官方文獻的認可，這是我們要注意的。

這樣一種變化，套用馬克思的那句話來說，「理性」這個詞向來就存在於中國共產黨的傳統當中，只是相當一段時間內沒有以理性的方式存在。李大釗講：「道即理也，斯民之生，即本此理以為性，趨於至善而止焉。」我覺得要解釋理性的話，李大釗的這句話是最好的解釋。李大釗講：「『自由政治』的神髓，不在以多數強制少數，而在使一問題發生時，人人得以自由公平的態度，為充分的討論，詳確的商榷，求一個公同的認可。」我覺得我們現在講協商民主，這是講得最好的：「商量討論到了詳盡的程度，乃依多數表決的方法，以驗其結果。在商議討論中，多數宜有少數方面意見的精神；在依法表決後，少數宜有服從全體決議的道義。」這幾年講協商民主、投票民主、選舉民主等等，往往會把這些形式、理念對立起來，李大釗在這裡就沒有將其對立起來。投票仍然是重要的，但投票要建立在商議的基礎之上，投票的方式也要經過商議，商議完了以後遵守投票的規則。李大釗撰寫了有名的對聯：「鐵肩擔道義，妙手著文章。」我覺得「鐵肩擔道義」是「reasonable」，「妙手著文章」是「rational」，這兩者的結合才是我們所要追求的理性精神。

2012年於華中科技大學演講
朱夢珍根據錄音整理

哲學與愛智慧

馬天俊　中山大學哲學系教授

　　今天演講題目是《哲學與愛智慧》，該演講不是增加新知的活動，而是要提出問題來討論，同時加上自己的一點見解，是一個希望能夠引起深入思考的演講。從漢語上講，哲學和愛智慧仿佛是兩個概念，但是譬如用英語說，philosophy，看構詞，本來的意思就是愛智慧。philosophy前面的「philo」，意思是喜歡和愛，後面的「sophy」，意思是智慧。今天把哲學和愛智慧放在一起來講，提出的問題與大家對於哲學的基本了解和期待不太一樣，我是與常識反著來講的，希望能引起大家的討論。

　　講座大致分為兩個部分：一是愛智慧或者哲學在古希臘的情形；二是哲學在現代所經歷的轉變及其問題。

　　最典型的哲學在古希臘。也許現在每個人都可以說自己懂哲學，但這是非常寬泛意義上的哲學。歷史上不是先有哲學，古代更談不上和文學、史學、經濟學、法學比鄰而列的學科性的哲學。從現代學科意義上來理解哲學，這些都是有偏差的。古希臘的情況不是這樣的，當時還沒有現代這麼多的學科分支，哲學也並不是諸類學科中的一支。更為重要的是，先有哲學家，後有哲學，也就是說，先有一批人，他們做了一些事，然後號稱自己是愛智慧的人。等到這些人的影響力達到一定程度，甚至形成一種傳統之後，人們才會從他們的活動

中總結出他們這種活動的性質，然後給出一種概括的名稱。先有philosopher，後有philosophy，即哲學。

在古希臘時期，有一群人，長期從事某種活動，自然會有人問，這種活動到底是幹什麼的？這些人就宣稱他們是愛智慧的人，而這種活動的成果就可以叫作「哲學」。

據記載，是畢達哥拉斯第一個站出來說他自己是「愛智慧的人」，是個「哲學家」。從此這個說法就被固定下來。我們所說的畢氏定理即畢達哥拉斯定理。畢達哥拉斯還從事過很多的行當，他在歷史上一直是一個謎一樣的人物，甚至有些人懷疑畢達哥拉斯是否真有其人。歷史上關於畢達哥拉斯的功績、學說是有記述的，但是關於他本人的事蹟，很難說有確切可靠的記載。為了談今天的這個問題，我們就假定歷史上確有其人。我們這裡用的材料出自第歐根尼·拉爾修的《名哲言行錄》，書中有一部分就記載有畢達哥拉斯學派的言論，裡面提供了關於愛智慧的可能是最早的解釋。

今天說人應該愛智慧，但這也許和畢達哥拉斯的意見相差甚遠。畢達哥拉斯的第一個意見是：當有人問他像他這樣以前並不常見的人是幹什麼的時候，畢達哥拉斯回答說自己是哲學家。因為「哲學家」這個詞之前沒有出現過，所以回答之後更需要解釋：愛智慧的人究竟在幹什麼？畢達哥拉斯關於愛智慧的解釋說：人是沒有智慧的，只有神才有智慧。我們中國人並不全都是無神論者，但是大部分對神的認識都不夠明確。而在畢達哥拉斯所處的那個時代，人們普遍認為是有神的，神的概念是非常顯著的。因為人沒有智慧，所以人只能愛智慧。

大家關於哲學會有一些誤解：比如說有人會認為哲學學習久了，

就會有智慧，比如生活中的一些問題能夠用哲學來解決。但是畢達哥拉斯非常確定地認為，只有神有智慧。而且，在希臘人的風俗裡，人是人，神是神，神和人的界限非常明確，其中的一點就是神是永恆的，而人是要死的。愛智慧時間長了之後，也並不會使人變得有智慧。也許在學哲學的過程中會相當地接近智慧，但是永遠不能講人有智慧。在一個認為只有神有智慧的時代，人是不能有智慧的。人一旦認為自己有智慧，那就是瀆神。愛智慧的人有一個框架，即人永遠不會有智慧，只有神有智慧，但是人可以選擇愛智慧。這是神和人的根本區別。這裡的神，不是通常希臘神話故事中奧林匹斯山上那些很像人的神，而是哲人克塞諾芬尼說過的一點也不像人的神，是一種「哲人神」。

在這個問題上，有些無神論者可能會問到底有沒有神？如果沒有神，還怎麼去學愛智慧？但是在古希臘人中，神是他們的風俗所傳下來的和認可的，這不是什麼人的論證或質疑能撼動得了的。有神，神有智慧，畢達哥拉斯就是按照風俗所傳下來的這種更大的框架來界定哲學家是什麼的，而不是反過來由哲學家確定是否有神的存在。後面這種事，有些現代哲人往往做得心安理得。

那麼怎麼愛智慧呢？畢達哥拉斯運用一個隱喻來解釋：生活好比賽會，我們可以看到有幾種人，有些人參加是有目的的，是為了得冠軍，贏得榮譽。希臘人的比賽搞一次很不容易，遠道而來的人需要長途跋涉，帶些路上吃的食物等等來參加，時間長了也需要就地取材。所以就出現了另外一批賣東西的人，他們來，是為了謀利。而哲學家，就相當於賽會裡的觀眾，觀眾的目的既不是得冠軍也不是謀利，是為了看而看，畢達哥拉斯說這是最好的參加者。在實際生活中，愛

智慧的人就是生活的觀眾，他們不是為了名和利，只是為了看，也可以說是為了看個明白。

畢達哥拉斯說：「許許多多的人，生來奴性十足，貪戀榮譽和利益。而哲學家追求真理。」這個問題並不能從今天的一般意義上去講，海德格爾就非常願意把這個問題帶回到古希臘的態度上，就是「去蔽」，即把擋在眼前的東西去掉，使人能夠看見生活的真理。希臘人愛智慧追求的就是這種真理，就是去看。哲學家，以及哲學家所從事的活動也就是哲學，在畢達哥拉斯這裡奠定了其基本理趣。智慧，不是人可以擁有的東西，卻是人可以追求的東西。在追求的過程中，人人都是愛智慧的，人人都是哲學家，但是不要企望或自詡自己能夠擁有智慧。榮譽和利益可以把大部分實際生活中普通然而要緊的事情都概括在內，但是，哲學家沒有做這些必要的事情。榮譽和利益很重要，也很基本，沒有榮譽就沒有身分感，不謀利益通常就活不下去。但是，區別於追求榮譽和利益，哲學家追求的是真理。

蘇格拉底是我們較為熟悉的哲學家之一，對他的審判非常有名，他的慷慨赴死很令人震驚。在他赴死的過程中，本來有機會獲救，可最後他仍選擇自己喝毒藥而死。問題是，為什麼他不怕死？如果說要我們年輕人面對死亡，是不能很安然的，往往是不得不面對了，才會去面對。但是像蘇格拉底那樣自己主動求死的，的確很不尋常。據說，那時的古希臘論定罪案分為兩個步驟，第一步是判定是否有罪，如果有罪，則第二步是考慮該判多重的罪。在審判時他是有機會免罪的，但他沒有做。

在第一步判決之後，蘇格拉底自己促使陪審團給他定死罪。有些文章說蘇格拉底是追求死亡的，例如柏拉圖在《申辯》裡記錄蘇格拉

底說過的話：「我去死，你們去活。這兩條去路究竟哪個好，只有神知道。」起訴蘇格拉底，按當時的習俗，大概也是有一定道理的：蘇格拉底不信本邦的神，蠱惑青少年等。蘇格拉底卻辯解說自己是信本邦的神的：你們是在燒香獻祭，而我是在拿自己的生命去獻祭，因此比你們更加虔誠。可是對於一般老百姓而言，蘇格拉底確實是對希臘風俗有所破壞的。陪審團是按照當時的風俗所做的判決，並認為是去除了一條害蟲。但是對於蘇格拉底來說，「我去死，你們去活」這句話的兩條路中哪個好，就把關於人的裁判權，關於死的意義的裁判權給剝奪了。因為是生好還是死好，判斷的標準在神那裡。

在慷慨赴死裡，蘇格拉底的死和通常烈士的死是不一樣的。例如「殺了夏明翰，還有後來人」，很多的烈士，他們為人類解放，為人類的美好生活而犧牲，這都是在「活」這一大前提下展開的。可是在蘇格拉底看來，活著並不是最好的，死也並不是最壞的。死對於我們這樣的人來說大概是可怕的，因為死了，就是出局了，就是消亡了，就只能是化為一抔黃土。但是，如果死亡情景轉換一下，死亡就是去別的教室或者上到樓上，那麼，我們就不會對死有很大的畏懼。沒準兒那邊的條件比這邊還好，生活條件好，鶯歌燕舞，鳥語花香，估計大家是願意去死的。假如活著是唯一的，死亡就是徹底消失，那死亡就是恐怖的。但是當死亡不是這樣的，譬如還有另外一個世界或者另外很多世界，像許多哲學家、宗教家啟示的那樣，人們在那種框架中就可以另行確定生命的位置，就可以估摸生命的價值。這種框架中的人和我們這些默認只有一個世界的人顯然是不一樣的。

蘇格拉底認為至少還有另外的世界，所以他不怕死。蘇格拉底在和他的朋友討論時，有這樣的看法，也就是認為，哲學就是練習死

亡，因為還有另外的世界，一個更好的世界，因此死亡就是轉變，就是轉去另一個地方。這是一種源遠流長、力量強大的隱喻。超越眼下的世界，大概是哲人蘇格拉底的自覺擔當，都是這個世界，履行使命，無處不可行，所以當蘇格拉底「布施」的時候，他是不分場合的，市場、法庭、監獄或者酒席上，他都會去布施。在這個意義上，古希臘人的世界比我們的世界豐富，至少多出的一大類是高於人的神，還有另一個世界。

我們所了解的關於蘇格拉底的很多故事都是從他的學生柏拉圖那裡得來的。柏拉圖的記載中說，蘇格拉底是關心老百姓的生活的。柏拉圖秉承老師蘇格拉底的教導，抱負遠大，有很大的政治理想。但是當多次嘗試都失敗之後，他像孔夫子一樣，周遊完了就回來教書。例如，柏拉圖很關心正義問題，很推崇哲學王和「理想國」，他想讓大家過上理想正義的生活。

但是誰能夠使人過上正義的生活？討論的結果是只有哲學王能夠這樣做，但問題是哲學王是如何來的？

如果現在學哲學學到很高的水準，例如哲學博士，是不是就可以要去管理國家？不是的，這是很粗鄙、很幼稚的想法。在柏拉圖那裡，哲學王的養成十分不易。首先是要獲得博士學位，然後下放到基層，只有從基層再回來之後才是合格的哲學王。但是很多人在見到基層的黃金和美女的時候，會迷惑，會被淘汰。實際上下放基層的做法就是把人放到洪流中，經歷紅塵的洗禮，總會有人得到提升，也會有人墮落。柏拉圖的理論是要讓這些堅持到最後的哲學家成為哲學王。

但是有一個問題，有了那種歷練的人願不願意當王？當一個人有那麼高的精神教養和人生歷練之後，他會把一切都看得很透澈，究其

本心，他是不願意去管大家的事的。哲學王並不是哲學家趨之若鶩、搶著要當的，相反，是誰也不願意當。他們不只是紙上談兵，而是從實踐中認識到只有那個理念世界才是真正唯一而永恆的世界，所以是不願意在俗世裡、在這個低級的世界中活動的。當然，柏拉圖的意思是不能任著他們，得抓鬮，苦差事總得有人幹，哲學王要一屆一屆輪著當，卸任後城邦會把你供養起來，給予極高的榮譽。按理說，哲學王是哲學家不得已的擔當。出於公共生活的需要，哲學王就必須要去做，因為只有他最適合。如果只有一個世界，那當王可能就是最美妙的事情。但是如果還有另外的一個更美妙的理念世界的話，人們就會重新做出選擇。

亞里斯多德是柏拉圖的學生，也享有極高的榮譽。他一生有很多的著作，成就可以和老師柏拉圖比肩。亞里斯多德被譽為百科全書式的學者，他在眾多學科裡都有開創性的建樹。亞里斯多德一輩子的職業主要是教師，所以像《形而上學》這樣的書乃是他的教學講義。我們現在能讀到的《形而上學》是後人給編的，書名也是後人起的，這裡就不細說了。形而上學不是問政治和倫理，而是問存在，就是追問那類看起來最沒有用的問題。形而上學是不解決實際生活問題這類事情的。亞里斯多德說，有了好奇和閒暇，就具備了愛智慧的條件。當生活上的基礎事情解決完以後，才可以學智慧。

這就涉及哲學的用處這一老問題了。如果說哲學沒用，那麼哲學早就被人們踢到垃圾堆裡去了。如果說哲學有用，又很難說清。歷史上也有人做過很特殊的辯解，例如認為它和一般學科的作用不同，有無用之用。這種辯解是近乎機智的狡辯。我們且看亞里斯多德比較明白也比較實在的說法。如果生活上的目標還是為了榮譽和利益，那麼

人就還不適合愛智慧，哲學不解決生活方面那些看起來更實際的問題。哲學是使生活走向更高處，而不是反過來解決人生的名利問題。在這裡，我們要注意，哲學不是為了人生和名利服務，而是向上走。按亞里斯多德的理解，人不是世界上最好的，比人還好的有天體、神的世界等，他認為那些才是卓越的、真正好的。這些說法完全和「以人為本」的今天相反。在亞里斯多德的時代，在那樣的宇宙秩序結構裡，人就不是第一等的，因此人是可以向上走的，是可以趨於神性世界的。

對於古希臘的哲學家而言，愛智慧是一個提升自身生命品質，向上走的過程，是趨於神性的過程。神有智慧，人沒有智慧。愛智慧的活動就是把人從人這個品類向上提升，僅此而已。至於人生活上的基本事務，利益、榮譽之類，哲學不必去管。一定要哲學去管，大概也管不好，柏拉圖不就是個著名的失敗者嗎？！

而今，有些學哲學的人習慣向下，而不是向上。先說個小事情。我們身邊有一些因為學習哲學而產生的狂徒，他們覺得自己經過幾年的苦學與辯論已經真理在握，於是就狂妄自大。他們會不同意別人的意見，因為別人的意見與他不同，而他與真理同一，與他不同就是不同意真理，這是很可怕的。這樣的人基本不得志，而萬一得志，他們可能會做出壞事。而在古希臘，事情不必如此。如果覺得自己真理在握，並不會如此恐怖。例如赫拉克利特，他是一位很奇特的哲學家，對國家的宗教法律了解甚多，人們都知道他道行很高，也有請他出來做事的人，可是他不願意管別人的事情。他有能力向上走的時候，他對他身下的名利方面的事情就會懶得管，甚至會冷嘲熱諷，究其根本，主要是因為他的世界的空間更廣闊，他可以向上走。

與希臘時期哲學的典型作對比，現在我們對於哲學的感覺可以說有很多是不對頭的。不過這首先不是因為大家的認識不對，也不是因為大家的態度不好。從根本上講，我們置身其間的那種廣大的、能給哲學定位的習俗變了，哲學也就變了。這就是現代，這種現代，是一個巨大轉變，可以兩個人為標誌：培根和笛卡兒。

　　培根說：「知識就是力量。」在培根的著作《新工具》中，他批評希臘人不實際，好辯論，尚空談。他認為這都不是哲學要做的事，哲學是要做實事的：支配、主宰自然。他有個策略，也就是要做自然的主人，就要先做自然的僕人，換句話說，如果想要控制自然，就要先學會在自然面前很謙卑地、不懷己見地讓它講出它的秘密，等到掌握了秘密之後，就可以有針對性地去做想做的事情，達成人類的福祉。

　　培根認為，掌握了自然的秘密，之後就可以成為自然的主人。培根看待哲學和愛智慧與希臘人是相反的。他寫《新工具》就是要向亞里斯多德的《工具論》叫板。他那句名言，「知識就是力量」，雖然是面對自然的，但是，也很容易轉移到人的身上來。如果知道了石頭的秘密，那麼，離知道人的秘密也就不遠了。石頭從三十樓上扔下去會摔碎的話，把人從三十樓上扔下，會不會也能摔碎？所以掌握自然的秘密反過來說就是掌握人的秘密，也就是說，統治自然完全可以變成對人的主宰。培根是引領風氣的人，在他之後，人對自然日益呈現出統治和佔有的關係。現代精神的典型就是培根。

　　笛卡兒的著名命題是「我思故我在」。笛卡兒的《談談方法》一書非常有名。這本書共六個部分，他在第四部分得出了「我思故我在」的論斷，這意味著哲學的一種新景象。但我想強調的是第六部

分，這裡是高潮，給出了重要的、有現實意味的結果。笛卡兒認為，我們可以撇開經院哲學中的思辨習慣，憑著新科學成果發現一種實踐哲學，以取代思辨哲學。哲學把火、水、星辰、天體以及周圍一切事物認識得清清楚楚，然後——看法和培根是一個論調——就可以因勢利導，人使自己成為支配自然界的主人公，創造醫學、道德學等大批帶來福祉的實用成果。

這與古代是多麼不同啊！亞里斯多德是不會講出「實踐哲學」的。按亞里斯多德的觀點，人的活動可分為三大類：理論活動、實踐活動、技藝活動。理論知識這個門類，包括他所說的物理學、形而上學、數學等純粹知識。實踐活動指的是城邦生活或政治生活，其核心是德行、正義等。技藝活動指的是製作活動，通常是指希臘社會裡由奴隸所從事的，如打石頭、造房屋、做飯等。在亞里斯多德看來，寫詩是和打石頭一樣的工作，也是製作。只有在理論的部分才有形而上學，才有哲學，這樣，就不能把理論和實踐放在一起來講，講什麼「實踐哲學」。亞里斯多德說在純粹求知裡面，面對的是固有本性和必然性；實踐領域對應的是不確定性，這主要取決於我們怎麼做，我們怎麼做，結果就怎麼樣，並無獨立於活動的定數。技藝領域就是模仿大自然。所以按照亞里斯多德的觀點，不會把實踐和理論或哲學連成一個東西談。放在一起談，格局不通，範疇錯誤。

反過來說，笛卡兒和培根當然並不是糊塗的人，這裡邊存在著一個巨大的轉變。笛卡兒講得很清楚，他要取代思辨哲學。笛卡兒說思辨哲學其實就是「看」的哲學，就是生活的觀看者。「思辨」、「沉思」、「理論」等詞的詞根都是觀看。笛卡兒所說的思辨哲學、觀看哲學乃是希臘哲學的正宗，都是要超脫出來進行靜觀。現代人認為光

看不行，要去做實事。人的五官裡，「看」是界限很清楚的官能，人們可以隔岸觀火，但是不能隔岸烤火。其他的官能都不能像「看」這樣有距離感。例如聽覺，是沉浸性的，是所聽的東西把你籠罩其中，你是不獨立的。觸覺、嗅覺等都不可以像視覺這樣和相關物件拉開很遠的距離。所以在古希臘，視覺就成為哲學的隱喻和象徵，並沉澱在最基本的若干學術術語之中。哲學的本性是沉思，是思辨，是超越性的觀看，它最少利害性和功利性。與身體力行的實踐相比，觀看是超然的。實踐而且哲學，在古希臘是不通的，是不良術語。但是現代人實際上把它們放在一起了，講實踐哲學，這就是巨大的轉變。

笛卡兒和培根的見解足以表明現代性的轉變。在古代，實踐哲學是不可能的，但在現代就是可能的。在這樣的轉變過程中，曾經在界定愛智慧、界定哲學中起關鍵作用的神，不知不覺地消失了。在培根和笛卡兒的書中，主要問題是人作為主體與自然物件之間的關係。源于基督教傳統的上帝，在哲學中還有特別的重要意義，但和用來界定哲學的古希臘的神始終很不一樣。現在，哲學如果還能有所保持、有所貢獻和有所發展，就得在這個「無神」的環境下來談了。這時，無論怎麼談，哲學都會很尷尬。

根本原因在於，如果在古希臘的氛圍下，一個愛智慧的人可以走得很遠，那個世界比現代世界要鼓，因為有一個高於人類的品類，叫神。愛智慧就是讓人向更高的品類去追求。但是在培根和笛卡兒這樣的現代人之後，世界變扁了。在這個扁了的世界裡，哲學必然很難受。

莎士比亞曾說，人啊，宇宙的精華，萬物的靈長。甚至還有人說莎士比亞的那些優秀作品的作者就是培根，姑妄聽之吧。但是人在扁

了的世界裡，就變成了天地之間的老大，因此核心就是人和自然的問題。笛卡兒說：「我思故我在。」關鍵點在「我思」上面，這不需要其他的相關根據，既不需要自然，也不需要神。笛卡兒甚至說，「我思」並不需要身體的存在。他很激進地把立足點放在「我思」上，不需要別的，我是主體，在我的對面，都是客體。

現在，神在哪裡不知道了，使哲學得以規定自身的神性在現代消失了。

如果有神，人便可以通過愛智慧，通過哲學順著向上走，去接近神性，人以此提升自己，這種提升是沒有必要折回來再做什麼的。

如果沒有神，哲學雖然也能試著向上，但是沒有終極，它走到一定程度就勢必要折回來，回歸這個世界的實際生活，再能蹦的青蛙也要落回到地面的。曾經，哲學的世界和哲學所在的世界不同，後者使前者得以可能。雖然哲學據說經常致力於說出世界最高根據，但它本身也需要合適的世界。根本上，哲學所在的世界不是由哲學造出來的，而是哲學可以在裡邊出現並發展的世界。但是哲學的幻覺有時會破壞這個世界，忘卻哲學也有它的生存土壤。我們要破除這樣的想法：萬事萬物的根據是由哲學提供的。哲學必須長在一定的土壤裡才成其為哲學，也就是古希臘人那樣的哲學。

再說一遍，古希臘哲學是愛智慧的原型和典型，其所在的世界是有神的，人並不是其中最好的品類。後來，這樣的理解發生了重大變化。亞里斯多德曾經給哲學立了一個規矩，作為理論，它是不必實踐的。而在現代，理論是必須要回到實踐的。這個世界已經沒有原本可供哲學去達到的地方，因為神不在了。哲學必須回來——假如哲學還談得上走出去的話。

曾經，如果我能夠把萬事萬物看清楚，這本身就是生命的滿足，就是生命品質的提升。但是現在幾乎沒有這樣想的了，也不能這樣想了。在座諸位都可以是見證者，因為如果不是我剛才所做的這番強調，使事情的面貌有所改變，那麼，我料定，關於哲學，大家一定會覺得下面的問題是再正常不過的：哲學的用處是什麼？對這個問題本身，沒誰感覺不對勁兒，苦惱的是該怎樣回答才好。據說化學、經濟學、心理學等都能中規中矩地回答出「有什麼用」的問題，照這樣，哲學也應該做出自己的回答。但是大家都知道，哲學回答得並不好。這便是尷尬所在。哲學能不能回答得好一點，在現代，我認為不可能，在古代呢，又不必回答，因為幾乎沒有人問那樣的問題。

　　現代的世界是扁的，任何學科都要在現實世界這個園地裡找到位置和價值，否則就沒有為自己辯護的理由。愛智慧本來是要向上走的，但是社會的發展使得它必須要折回來。理論必須要為實踐服務，這就是現代的成見。在這樣的現代生活裡，愛智慧成了學科意義上的哲學，而且要與其他並列的學科一樣為自己的用處辯護，哲學在這方面的業績可以說很糟糕。那些本著吃飯的理想的人們，上大學考慮選擇專業的時候，對哲學專業表現謹慎，我以為，這在理智上是健全的。

　　當然，現代世界雖然是扁的，大概還沒有扁到只有吃飯的理想那種程度。在這個意義上，在我看來，愛智慧是有出路的，其前提是，哲學和愛智慧分開看。哲學的現代命運，一點也不可愛，不過愛智慧，仍然是可愛的。當我們回復到愛智慧的時候，我們會對自己的生命有全新的把握，這裡面主要的是謙卑。愛智慧的個人，當我們在愛智慧裡發現自己的有限性，並且擅自忘懷的時候，個人的生命品質就

會有巨大的提升。愛智慧只是企及神性，而不能妄想自己是神。明白自己的有限性，就會有向上的努力。

希臘哲學家說神是有智慧的，但是當他們說神的時候，從不說神是什麼樣的，有什麼功能。哲人的神不是奧林匹斯山上的宙斯，也不是西奈山上的耶和華，神只是一種更高明的存在，他們由此而有敬畏之心。在這個人人都覺得自己有無限能力和潛質的時代，我認為愛智慧有很大的用處，我把它叫作治療。現代人是什麼都想做的，即使一時做不好的事情，也相信將來想方設法還是能做成。現代人是太有抱負了。

可是人類的生命在整個宇宙中間的確是沒有多少價值的，這是從愛智慧那裡借由神性而彰顯出來的啟示。如果人忘記自己的渺小而認為自己什麼都能幹，成為自然的主人，就太狂妄了。人類在自然的舞臺上折騰的事很熱鬧也很脆弱，轉瞬就能消失。因忘卻而生的狂妄，是現代的時代精神。在這種精神氛圍中，人們把自己的生命之弦繃得緊緊的，要抓緊一切時間去實現個什麼出來。現代生活的節奏，把每個人都捲進來，要每個人都對自己有規劃，都打起精神去做事。奇特的是，在這種忙碌中，當我們感覺乏味和疲憊的時候，現代並不退場，而是再次介入，發展出一種實際上仍是忙碌的所謂休閒的東西。現代人覺得自己身上承擔著個人的或整個人類的宏大抱負，一直都給自己加很緊的弦，而生命品質就在不斷取得成就當中悄悄流失。反過來講，當覺察到自己的有限性並尊重這種有限性的時候，生命的品質因這種自覺就會提高。

哲學的根源是愛智慧，它和哲學的現代命運如此不同。哲學作為一種專門職業的尷尬地位恐怕還會持續，但是對於並不把生命託付給

這個專業的人來說，哲學的意義與其說是哲學，還不如說是愛智慧。

2012年於華中科技大學演講

牛婷婷根據錄音整理

中華文化思想叢書・當代中華文化思想叢刊 A0103009

中國大學人文啟思錄　第九卷（上冊）

顧　　問　楊叔子

主　　編　歐陽康

副 主 編　劉金仿、余東升

責任編輯　陳胤慧

發 行 人　陳滿銘

總 經 理　梁錦興

總 編 輯　陳滿銘

副總編輯　張晏瑞

編 輯 所　萬卷樓圖書股份有限公司

排　　版　菩薩蠻數位文化有限公司

印　　刷　百通科技股份有限公司

封面設計　菩薩蠻數位文化有限公司

出　　版　昌明文化有限公司

桃園市龜山區中原街 32 號

電話 (02)23216565

發　　行　萬卷樓圖書股份有限公司

臺北市羅斯福路二段 41 號 6 樓之 3

電話 (02)23216565　傳真 (02)23218698

電郵 SERVICE@WANJUAN.COM.TW

大陸經銷　廈門外圖臺灣書店有限公司

　　電郵　JKB188@188.COM

ISBN 978-986-496-423-9

2019 年 3 月初版

定價：新臺幣 400 元

如何購買本書：

1. 轉帳購書，請透過以下帳戶

　　合作金庫銀行 古亭分行

　　戶名：萬卷樓圖書股份有限公司

　　帳號：0877717092596

2. 網路購書，請透過萬卷樓網站

　　網址 WWW.WANJUAN.COM.TW

大量購書，請直接聯繫我們，將有專人為您

服務。客服：(02)23216565　分機 610

如有缺頁、破損或裝訂錯誤，請寄回更換

國家圖書館出版品預行編目資料

中國大學人文啟思錄　第九卷 / 歐陽康主編.
-- 初版. -- 桃園市：昌明文化出版；臺北
市：萬卷樓發行, 2019.03
　　冊；　　公分
ISBN 978-986-496-423-9(上冊：平裝). –

1.人文學　2.文集

119.07　　　　　　　　　　　　　108003026

本著作物經廈門墨客知識產權代理有限公司代理，由華中科技大學出版社授權萬卷樓圖書股份有限公司（臺灣）、大龍樹（廈門）文化傳媒有限公司出版、發行中文繁體字版版權。
本書為金門大學產學合作成果。　　　　　　　校對：洪婉妮／金門大學華語文學系三年級